FINDE, WAS DU LIEBST

und tu es

FINDE, WAS DU LIEBST *und tu es*

Dein Guide für deine Leidenschaft und Berufung

EVELIN CHUDAK

Umschlaggestaltung: Mercedes Piñera
Foto: Cecile Photography
Lektorat: Nadine Mönch
ISBN: 979-8-6691-2661-2

Für Mama.

Inhalt

Vorwort

Stell dir vor, du bist im Paradies voller Tiere, frischem Obst, Gemüse, frischer Luft und Wasser. Fröhliche Menschen, Kinder spielen ausgelassen auf der Wiese. Es herrscht Liebe und Respekt. Respekt gegenüber anderen Menschen, der Natur, Gott und Respekt uns selbst gegenüber. Menschen sitzen zusammen und führen echte Gespräche. Sie sind richtig miteinander verbunden. In dieser schönen Gesellschaft leistet jeder seinen Teil, weil jeder etwas besonders gut kann.

Vielleicht sitzt du auch in deinem Home Office und arbeitest an deinem kreativen Projekt, was dir unglaublich viel Spaß macht. Du stehst morgens ganz entspannt auf und gestaltest den Tag ganz genau so, wie du ihn gerne hättest. Vielleicht arbeitest du nur fünf Stunden am Tag, machst danach Sport, gehst mit deinem Hund spazieren und triffst dich dann mit deinen Freunden. Vielleicht ist dein Home Office aber auch auf einer tropischen Insel und du erfrischt dich mit einer Kokosnuss und einem Sprung ins Meer.

Nun stelle dir vor, du stehst früh schon gestresst auf, fährst schnell zur Arbeit, sitzt neun Stunden im Büro, hältst dich mit Kaffee wach. Auf dem Rückweg holst du dir noch etwas Fast Food, da du keine Zeit für eine ausgewogene Ernährung hast.

Zu Hause sitzt du vor dem TV und schaust dir irrelevantes Entertainment an, um dich von deiner inneren Leere abzulenken.

Viele Leben sehen so aus wie das zweite Szenario.

Warum?

Weil wir uns alle verlaufen und verkauft haben.

Wir verkaufen uns für ein krankes System, das nur den Wenigsten gut tut und nicht unserem Wert entspricht.

Wir haben Leidenschaften und können tiefe Gefühle empfinden.

Wir sind kreative Wesen, die erschaffen können, was sie wollen.

Warum vergessen wir das und schrauben unsere menschlichen Kapazitäten und Bedürfnisse herunter? Warum machen wir uns nur so klein?

Wir müssen umdenken, bevor es zu spät ist!

Wir müssen zurück zu einem einfachen, erfüllten und leidenschaftlichen Leben.

Einfach zurück zu einem bedeutsamen Leben.

Es ist an der Zeit für Veränderung

Wenn ich so auf die letzten Jahre zurückblicke, sehe ich immer deutlicher, was mich jahrelang hat schlecht fühlen lassen. Ich war energielos, hatte keine Ziele, wollte morgens das Bett nicht verlassen und sah keinen Sinn in meinem Leben.

Ich war nicht mehr mit meinem wahren Ich verbunden. Das Ich, das mich leicht fühlen ließ, dass mir den

Weg vorgab, das mir Inspiration gab, das mich glücklich machte, das nicht alles übermäßig überdachte, das einfach mit meiner Mitte verbunden war und mir immer wieder zuflüsterte: „Du kannst mir vertrauen“.

Genau das ist mir über die Jahre abhandengekommen. Es war einfach weg. Als Kind war es immer da. Es war ganz normal. Aber wir werden erwachsen und lernen dazu. Wir werden überall geprägt und uns wird gesagt, was falsch und was richtig ist. Es ist natürlich gut, Neues dazuzulernen, doch geht uns auch oftmals unsere Kreativität und unsere wahre Essenz verloren.

Viele von uns finden sich dann in einem mittelmäßigen Leben wieder, ohne Leidenschaft, Vertrauen und Freude. Dazu wird uns dann noch vermittelt, dass das Leben so sein sollte. Wir finden uns wieder, wo wir nicht sein sollten. Das Leben hatte nämlich etwas Besseres für uns geplant, nur müssen wir dafür zuhören. Wir müssen lauschen, was es uns mitteilen möchte. Für jeden von uns hält es etwas Besonderes parat. Nur müssen wir auch bereit sein, es anzunehmen und dankbar dafür zu sein.

Wenn wir nur hier wären, um zu arbeiten und unsere Rechnungen zu bezahlen, dann wäre ich nicht mehr hier. Mir wäre das Leben dann zu trostlos und zu unkreativ. Es wäre eine Form von moderner Sklaverei.

Das Leben ist etwas wundervoll Mysteriöses, voller Möglichkeiten und Schönheit. Es kann aber auch eintönig, stressig und sinnlos sein. Das alles hängt nur davon ab, ob du wirklich mit dir selbst verbunden bist, weißt und fühlst, wer du bist, oder ob du noch fremdgesteuert bist und das Leben als etwas Anstrengendes siehst.

Ich selbst habe mein Studium abgebrochen, mein komplettes Leben umgekrempelt und mich auf einen anderen Weg begeben, um diese Essenz, die das Leben wunderschön und aufregend macht, wiederzufinden. Ich habe das getan, was mir mein Herz die ganze Zeit zugeflüstert hat. Nein, eigentlich hat es schon geschrien und mich angefleht, endlich den richtigen Weg einzuschlagen.

Ich lebe heute meine Berufung aus und es fühlt sich unglaublich an. Vor Jahren hätte ich niemals gedacht, dass so etwas möglich ist. Ich habe versucht, realistisch zu sein, auch wenn mir mein Gefühl etwas ganz anderes versucht hatte zu sagen. Damals arbeitete ich nur fürs Geld, heute nicht mehr. Ich tauschte Zeit gegen Geld, was meiner Meinung nach fatal ist. Der Unterschied zu meinem heutigen Leben könnte kaum größer sein. Ich arbeite heute in Cafés, an wunderschönen Orten. Ich halte mich dort auf, wo ich gerade sein möchte.

All das sage ich dir nicht, um dich zu ärgern, sondern um dich zu motivieren und inspirieren, dasselbe zu tun. Denn auch du hast die Möglichkeit und das Potenzial, ein Leben zu führen, das abwechslungsreich, inspirierend und nach deinen Vorstellungen verläuft.

Wenn ich meiner Leidenschaft nicht nachgehe, dann fühle ich mich energielos. Ich spüre dann, dass etwas fehlt. Meine Vision ist nicht groß genug und ich muss wieder anfangen, mehr und größer zu träumen. Wenn ich das tue, dann entfache ich ganz automatisch meine Leidenschaft und habe so viel Antrieb und Sinn hinter meinem Tun wie nie zuvor. Ich fühle mich getragen und unterstützt.

Die Zeit ist vorbei, in der du dich nur an der Oberfläche befunden hast, weil du dich nicht getraut hast, dein wahres

Potenzial zu erkunden und zu leben. Wir tauchen tief ein und schauen, was es für dich bereithält.

Ich lade dich in diesem Buch dazu ein, dir einmal in Ruhe darüber Gedanken zu machen, was dir wirklich wichtig ist.

Wer bist du und was erfüllt dich?

Wann bist du voller Energie?

Wann ist dein Herz voller Liebe?

Wann bist du wirklich du selbst?

Jeder hat eine Aufgabe auf diesem Planeten

Ich glaube, dass jeder von uns eine Aufgabe auf diesem Planeten zu erledigen hat.

Es gibt einen Grund, warum wir hier sind.

Ich würde sogar so weit gehen und behaupten, dass es unsere Lebensaufgabe ist, herauszufinden, was unsere wahre Aufgabe in diesem Leben ist, und diese auch aktiv zu leben.

Es muss keine riesengroße Sache sein. Es kann auch etwas Kleines sein. Es kann alles sein, solange es für dich Bedeutung hat und dich zum Strahlen bringt. Wenn die kleinste Sache für dich die Welt bedeutet, ist es schon wieder eine große Sache für dich.

Ich habe mich fast zwei Jahre lang hinter Reisegeschichten und Reisetipps versteckt, anstatt wirklich das zu tun, was ich tun sollte. Ich hatte die ganze Zeit das Gefühl, dass da etwas in mir ist, was raus möchte. Es wollte ausgelebt werden, nur hatte ich noch nicht den Mut, meiner wahren Leidenschaft nachzugehen.

Auch heute kommt noch ab und zu Angst hoch. Diese zeigt sich dann in Form von Selbstzweifel. „Wie kann ich anderen helfen, wenn ich ab und zu auch schlechte Tage habe?“ Es kommen dann Gedanken in mir hoch, dass ich immer zu 100 % auch das leben muss, was ich anderen vermittle. Doch bin ich auch nur ein Mensch und es gehört dazu, auch mal einen schlechten Tag zu haben. Das ist normal und sollte einfach akzeptiert werden. Ich kann nicht jeden Tag schreiben. Es gibt Tage, an denen ich einfach nichts mache und mich erst gar nicht an meinen Laptop setze.

Jeder von uns hat eine andere Aufgabe, lass dich also nicht von anderen blenden. Für mich ist es das Schreiben und Heilen, was mir gegeben wurde und was ich teilen soll. Andere wiederum können fantastisch kochen oder leben ihre Kreativität in Gärten aus.

Manche wissen, dass sie Menschen heilen müssen und werden zu Ärzten, Krankenschwestern oder Heilern.

Kennst du das Gefühl, wenn du von jemandem eine Dienstleistung erhalten hast und diese überirdisch gut war? Du kommst von einer Massage nach Hause und es war die beste Massage deines Lebens. Das liegt daran, dass dir die Massage von jemandem gegeben wurde, der das in seinem Leben machen soll und es auch auslebt. Sowas spürt man sofort.

Ich sitze gerade in Chiang Mai in einem wunderschönen Café, das sehr gepflegt ist und sehr gesundes und leckeres Essen auf dem Menü hat. Dieses Café wird mit Leidenschaft geführt. Das sieht und spürt man. Als ich die Besitzerin traf, wusste ich, dass ich richtiglag. Sie liebt, was sie tut, und ist stolz darauf, was sie auf die Beine gestellt hat.

Es gibt aber noch viel zu viele Menschen, die nicht ihrer Leidenschaft nachgehen, die nicht ihr wahres Potenzial leben. Vielleicht liegt es daran, dass sie noch nicht wissen, was es ist. Oder die Angst verschleiert alles und macht es dadurch in diesem Moment noch nicht zugänglich. Aber daran werden wir arbeiten.

Ich habe so viele Emails von Lesern erhalten, die gerne ihr Leben verändern würden. Sie wollen voller Leidenschaft, Inspiration und Leichtigkeit leben, doch wissen sie nicht, wie sie ihre Leidenschaft finden sollen. Ich war selbst auch an diesem Punkt und weiß, wie es sich anfühlt. An manchen Tagen hatte ich das Gefühl, in einem endlosen Labyrinth zu sein und nicht das finden zu können, wonach ich so sehnsüchtig suchte.

Ich glaube ja, dass es jeder im tiefsten Inneren weiß. Ich denke, dass es im Leben immer mal wieder hochkommt und sich zeigt, doch schieben wir es einfach wieder weg, da es zu unbequem erscheint oder uns einfach Angst macht. Sein wahres Potenzial zu leben kann Angst machen, doch ist die Belohnung einfach zu gut. Ein erfülltes und selbstbestimmtes Leben ist nämlich das Resultat.

Wir haben die Verantwortung, unser Potenzial zu leben.

Jeder von uns kann etwas. Ärzte und Heiler sind dafür verantwortlich, uns zu heilen, wenn wir krank sind. Der KFZ-Mechaniker ist dafür verantwortlich, unser Auto zu reparieren, wenn es mal nicht mehr möchte. Der Hotelbesitzer ist dafür verantwortlich, dass wir uns in seinem Hotel wohlfühlen und unsere Auszeit genießen. Der Busfahrer ist dafür verantwortlich, dass wir sicher von A nach B kommen. Der Koch ist dafür verantwortlich, dass wir unser Essen genießen. Lehrer sind dafür verantwortlich, dass wir etwas lernen. Egal, was es auch ist, jede Berufung bringt Verantwortung mit sich.

Was kannst du anderen geben? Weißt du es insgeheim, traust dich aber nicht, es laut auszusprechen?

Wenn du es noch nicht weißt, dann werden wir es gemeinsam finden.

> “*The two most important days in your life are the day you are born and the day you find out why.*”
>
> Mark Twain

Ohne deine Leidenschaft ...

Wenn du deine Berufung und Leidenschaft nicht kennst, wirst du dich immer wieder so fühlen, als ob du versagst, nicht so erfolgreich bist wie andere. Einfach nur, weil du dich immer wieder mit anderen vergleichst. Und du weißt, dass du nie dein wahres Potenzial erreicht hast. Es fühlt sich unbefriedigend an, zu wissen, dass da weitaus mehr geht, dass du viel mehr könntest, wenn du nur wüsstest, was.

Das Schlimmste an der ganzen Sache ist aber, sich immer wieder zu vergleichen.

Du vergleichst dich mit anderen, wie weit sie schon gekommen sind, was sie erreicht haben, wie glücklich sie sind. Und genau da zeigt es sich ganz deutlich, dass du deine wahre Leidenschaft noch nicht gefunden hast.

Ich weiß genau, wie sich das anfühlt. Als ich noch am Ausprobieren war und nicht wusste, was ich machen sollte, lebte ich wieder bei meinen Eltern. Es fühlte sich manchmal so an, als ob ich nicht vorangekommen wäre. Das war aber nur eine Lüge, die ich mir selbst erzählte.

Andere hatten ihre schönen Autos, tolle Wohnungen, Partner. Und ich war bei meinen Eltern und versuchte herauszufinden, was ich will. Denn nur einen Job zu haben, um das Auto und die Wohnung zu bezahlen, fühlte sich nie richtig an. Und heute bin ich auch sehr dankbar dafür. Denn es hat sich gelohnt zu warten, auszuprobieren, zu suchen.

Dein Leben beginnt erst mit deiner Leidenschaft.

Dein Leben, bevor du deine Bestimmung gefunden hast, ist nicht vergleichbar mit dem Leben danach.

Es verändert sich einfach alles für dich.

Nichts ist mehr, wie es war.

Du arbeitest nicht mehr. Natürlich stehen auch Dinge an, die sich wie Arbeit anfühlen. Aber ein Großteil tut es nicht.

Es ist eine Einladung zum Wachstum

Wenn du dich mit dem Thema auseinandersetzt, wächst du ganz automatisch und näherst dich deinem Herzen. Es wird sich alles für dich verändern.

Du wirst persönlich, beruflich sowie spirituell herausgefordert. Du wirst dich immer wieder fragen müssen, ob du noch deinen Werten folgst oder dich von ihnen distanzierst.

Denn es werden so viele Menschen in dein Leben treten, die dir sagen werden, wie du es besser machen könntest und was üblich in der jeweiligen Branche ist.

In solchen Momenten wirst du entscheiden müssen, ob der Ratschlag für dich richtig oder falsch ist. Denn was für den einen funktioniert, muss nicht automatisch für den anderen funktionieren.

Und du wirst schnell merken, wenn du die Ratschläge von anderen annimmst, ob sie für dich funktionieren oder nicht.

Für mich funktionieren nur ganz selten die Ratschläge anderer. Klar sind manchmal wundervolle Ratschläge dabei, die ich beherzige. Aber oft auch nicht. Bei mir funktioniert es nie, wenn mir jemand versucht, seine Idee und Vorstellung regelrecht aufzudrücken. Als ob es nur diese eine Möglichkeit gäbe und keine andere.

Für mich funktionieren die Recherche online, Meditation, Zeit in der Natur, Begegnungen, zufällige kreative Momente, da wo ich sie niemals erwarten würde.

Auch hier wirst du dich wieder verdammt gut kennenlernen können und wachsen. Denn mit dem Prozess stärkst du dich selbst und wirst immer stabiler in dir selbst. Dein Selbstbewusstsein stärkt sich auch enorm mit der Zeit. Du spürst die Sicherheit in dir selbst und nicht im Außen.

Deinem Warum und deiner Berufung nachzugehen ist ein spiritueller Prozess und ist auch nur für diejenigen, die wirklich bereit sind, zu wachsen und der Menschheit auf ihre ganz individuelle Art und Weise zu dienen.

Es gibt nichts Erfüllenderes. Ich würde niemals in meinem Leben einen anderen Weg gehen wollen, da ich mir so viel Freiheit gebe. Gleichzeitig weiß ich aber auch, dass es nicht immer einfach ist und alles immer glattläuft. Trotzdem ist es das wert.

In keinem Job hätte ich mich aber so entwickeln können und hätte so viel Freiheit und Erfüllung. Einfach nur arbeiten zu gehen, um Geld zu verdienen, musst du heute nicht mehr. Es geht so viel mehr. Es ist ein Spiel, das du spielen kannst oder das dich spielt. Es kann Spaß machen oder es kann dich auslaugen. Die Entscheidung liegt allein bei dir.

„Wir erfinden unseren Auftrag in dieser Welt nicht, sondern wir entdecken ihn. Er liegt in uns und wartet darauf, verwirklicht zu werden. Jeder hat eine persönliche Berufung oder Mission im Leben. Jeder muss einer bestimmten Aufgabe nachkommen, die auf Erfüllung drängt. Der Auftrag jedes Menschen ist genauso einzigartig wie die Chance, ihn zu erfüllen.“

Viktor Frankl

Hallo neues Leben!

Wie ich meine Leidenschaft und Berufung fand

In der Pubertät ging es los, dass ich anfing, viele Dinge zu hinterfragen. Ich fand die Schule sehr langweilig und wenig kreativ. Den ganzen Tag lang sitzen und dieselbe Bildung für alle.

Recht schnell wurde ich zu einer „Rebellin“, die die Schule sehr oft schwänzte. Es machte mir einfach keinen Spaß und ergab wenig Sinn für mich. Auf was wollten die mich vorbereiten? Darauf, dass ich eine gute Büroangestellte wurde?

Zum Ende der Schulzeit hatte ich keine Ahnung, was ich machen sollte, da es bis auf den sehr schlechten Test vom Arbeitsamt keine Hilfe von außen gab.

Sehr viele Schüler wussten nicht, was sie machen sollten. Manche machten eine Ausbildung, andere gingen weiter zur Schule. Zu Letzteren gehörte ich auch.

Ich machte ein Fachabitur im wirtschaftlichen Bereich. Und “surprise, surprise”, es war die absolute Fehlentscheidung.

Natürlich lag es an mir, eine Entscheidung zu treffen und dabei nach meinen Interessen und Stärken zu gehen. Ich hatte aber absolut keine Ahnung, was mir beruflich Spaß machen könnte. Es wird uns ja auch nicht beigebracht, wie wir die richtige Berufswahl treffen. Es wird nicht auf Stärken fokussiert und Kreativität gefördert. Es geht vielmehr um Anpassung und dabei stirbt der kreative Geist schnell aus.

Also saß ich in der Schule und spielte mit meinen Klassenkameraden Karten. Nach der Schule verkaufte ich Sachen bei Ebay. Alles, was im Keller lag und meine Eltern nicht mehr brauchten, fotografierte ich, schrieb einen netten Text und stellte es online.

Mit 18 Jahren hatte ich schon meinen Gewerbeschein und fing nebenher an, als Promoterin zu arbeiten. Der Stundenlohn war wesentlich höher als bei normalen Aushilfsjobs. Dazu war ich noch flexibel in der Jobwahl.

Nach dem Fachabitur fing ich eine Ausbildung zur Industriekauffrau an. Zu Beginn war es noch spannend, etwas Neues zu lernen, doch recht schnell schlich sich Langeweile ein. Ich fing an, tagzuträumen. Wie wäre es als Schauspielerin, als Grafikdesignerin, … einfach etwas Kreatives zu machen.

Ich hatte aber keine Ahnung, was. Im Internet fing ich an, nach Tests zu suchen. Einfach irgendwas, was mir bei dieser wichtigen Entscheidung half. Leider war aber nichts Wertvolles dabei. Es ging also genauso weiter. Bis ich während der Ausbildung immer unzufriedener wurde und einfach nicht mehr wollte. Ich war einfach nicht in meiner Stärke, lebte nicht meine Talente aus. Und das führte zu wenig Lebensenergie, da ich all meine Talente unterdrückte.

Nach zehn Monaten entschied ich mich dazu, die Ausbildung hinzuschmeißen, auch wenn mir jeder davon abriet. Denn ein „sicherer Job“ ist ja Gold wert. Was bei der vermeintlichen „Sicherheit“ immer vergessen wird, ist, dass sie einen großen Preis hat. Wenn du dich auf (die nicht vorhandene) Sicherheit einlässt, zahlst du keinen geringeren Preis als dein Leben.

Deine Lebenszeit.
Deine Lebensenergie.
Deine Lebenslust.
All das für die Sicherheit, die es nicht gibt.

Ganz so habe ich es damals nicht gesehen. Aber ich konnte spüren, dass dies nicht mein Weg sein konnte. Warum sollte das Leben auch langweilig und monoton sein?

Mein Leben fühlte sich fremdbestimmt und sinnlos an. Ich hatte wenig Energie und legte viel zu viel Wert auf die Meinungen anderer.

Ich wollte reisen gehen, jedoch fehlte mir damals das Geld. Also fing ich an, zu studieren. Da mein Notendurchschnitt nicht besonders gut war, musste es etwas Zulassungsfreies sein. Ich fing an, Internationales Management an einer Fachhochschule zu studieren. Mal wieder nicht die beste Wahl. Jedoch traute ich mich dieses Mal nicht, wieder alles hinzuschmeißen und schon wieder etwas Neues auszuprobieren. Also blieb ich dabei, auch wenn ich wusste, dass es die falsche Entscheidung war. Ich hatte ja keine Alternative und wusste auch nicht, was mir lag und welche Möglichkeiten ich hatte.

Also studierte ich und es passierte wieder genau dasselbe wie in der Ausbildung. Ich verlor meine Lebensenergie. Ich entschied mich gegen mich und für einen mehr oder weniger klassischen Weg. Es war die vernünftige Entscheidung. Nach dem Studium könnte ich mich ja bei Konzernen bewerben und hätte einen gut bezahlten Job. Und dafür kann man doch Zweifel und Langeweile in Kauf nehmen.

Denn nur so funktioniert unser Hamsterrad. Es lebt von der Scheinsicherheit.

Umso zielstrebiger du bist, desto schneller dreht es sich. Und natürlich kannst du dann nichts sehen und verlierst den Blick für das Wesentliche. Denn es dreht sich sehr schnell.

Während des Studiums wurde ich krank, war dauernd müde, bekam Panikattacken und Depressionen. Jackpot!

Ich wurde die Königin des Unterdrückens. Alles, was an Lebenspotenzial da war, unterdrückte ich gekonnt. An die Oberfläche kam es aber trotzdem.

Es zeigte sich täglich, wie schlecht es mir ging. Also ging ich zum Arzt und ließ mir ein starkes Beruhigungsmittel verschreiben. Wenn es nicht schön ist, was man fühlt, ist es besser, nichts zu fühlen. Und so ging es eine ganze Weile weiter.

Ich las Bücher, ohne sie zu lesen. Ich saß in Vorlesungen, ohne etwas zu hören. Ich schrieb Prüfungen, ohne etwas zu wissen. Ich lebte, ohne zu leben.

All das nur, weil ich keine Selbstverantwortung übernehmen wollte.

Weil ich mir keinen Raum und keine Zeit dafür gegeben habe, das zu finden, was mich lebendig macht. Was mir Spaß macht und mir Geld bringt.

Einfach nur weil ich glaubte, dass man etwas „Normales“ machen sollte.

Ich wusste, dass ich den falschen Weg gewählte hatte, jedoch fehlte mir damals jemand, der mich an die Hand nahm und mir Orientierung gab. Jemand, der mich bestärkte und mir zeigte, dass es viele verschiedene Wege gab. Für jeden Einzelnen von uns gibt es einen ganz individuellen

Weg, der einen bestärkt und sich gut anfühlt. Ein Weg, der Energie gibt, anstatt Energie zu rauben.

Mir wurde in dieser Zeit zum ersten Mal so richtig bewusst, wie wichtig diese eine Entscheidung ist. Diese Entscheidung bestimmt über all deine Lebensbereiche.

Wenn du unglücklich in deinem Beruf bist, dann bist du auch anfälliger für Krankheiten. Du bist unzufriedener, was sich auch auf deine Beziehung und deine Familie überträgt. Es ist wie eine Kettenreaktion.

Als ich damals meine Studentenwohnung auflöste und am Packen war, realisierte ich, dass ich einen Karton voll mit Medikamenten hatte. Das war ziemlich schockierend und einfach nur ein Anzeichen dafür, dass es mir sehr schlecht ging und ich sehr unzufrieden war.

Dennoch ging es für mich zu dem Zeitpunkt nach Australien. Erst für ein Auslandssemester und später auch noch zum Arbeiten.

Ich verliebte mich während des Auslandssemesters in Land und Leute und war begeistert von der Leichtigkeit. Alles lief irgendwie entspannter ab und funktionierte trotzdem sehr gut. Es eröffneten sich mir neue Perspektiven, was mir zu dem Zeitpunkt viel Hoffnung gab.

Nach dem Auslandssemester ging es wieder zurück nach Deutschland, wo ich zu dem Zeitpunkt sehr unzufrieden war.

Kurze Zeit später flog ich wieder nach Australien, um dort zu jobben. Ich habe Desserts zubereitet, Pasta gekocht, Hotelzimmer geputzt, Deutsch unterrichtet und als Promoterin für eine amerikanische Biermarke gearbeitet. Alles keine grandiosen Jobs, dennoch habe ich mich lebendig gefühlt. Und darum geht es doch.

Trotzdem fehlte wieder etwas. Obwohl ich lebendiger war und auch Spaß hatte, fehlte mir das Gefühl, etwas Sinnvolles zu tun.

Ich stand einfach immer wieder vor denselben Fragen: Was mache ich mit meinem Leben? Welchen Beruf soll ich ausüben?

Außerdem wollte ich schon immer selbstständig arbeiten, da ich die Vorstellung hatte, dass es vielfältiger ist und ich wesentlich mehr Freiheiten habe.

Es kamen mir die verschiedensten Ideen von einem Café bis hin zu einem Bekleidungslabel. Bei allen Dingen wäre ich aber an einen Ort gebunden, was mich zu dem Zeitpunkt sehr gestört hat.

Ich fing also an zu träumen und konnte mich in einem Café an der Gold Coast in Australien sitzen sehen. Ich hatte einen Laptop vor mir und war am Arbeiten. Dieses Bild hat mir sehr gut gefallen und es fühlte sich auch richtig an. Dass dieses Bild aber mal so wichtig werden würde, hätte ich niemals gedacht. Denn genau dieses Bild wurde kurze Zeit später meine Realität.

Zurück in Deutschland kam ich schnell auf den Trichter, einen Blog zu starten. Ich schreibe gerne, reise um die Welt und wäre damit ortsunabhängig.

Klang zu schön, um wahr zu sein. All denjenigen, denen ich davon erzählte, hielten mich für verrückt. Ich recherchierte viel, verbrachte viele Abende und Nächte vor meinem Laptop und startete kurz darauf meinen Blog *Modern Hippie*. Für mich gab es damals nicht die Option, dass es nicht klappen könnte. Ich wusste, dass mit genug

Leidenschaft, Arbeit, Spaß und einem starken Warum alles möglich ist. Und so war es dann auch.

Relativ schnell entwickelte es sich sehr gut für mich, sodass ich die ersten Kunden und Werbeeinnahmen hatte.

Ich fing an zu reisen, lebte ortsunabhängig, abenteuerlustig und frei. So wie ich es wollte.

Ich musste nicht zurück nach Deutschland und liebte meine Freiheit. Das, was ich mir ausgemalt hatte, wurde zu meiner Realität.

Später kamen Bücher und Kurse hinzu und heute stehen auch noch andere Projekte an. Denn mit einem selbst wächst auch das Berufliche. Sonst würde es langweilig werden. All das war aber nur möglich, weil ich Entscheidungen getroffen und Chancen wahrgenommen habe. Ich habe auf andere erfolgreiche Menschen gehört, die mich ein Stück weit begleitet haben.

Hier soll es aber nicht ums Reisen, Blogs und Bücher gehen.

Es soll um dein Warum, deine Leidenschaft, deine Bestimmung gehen. Dieser Prozess wird etwas Disziplin, Mut und Vertrauen erfordern. Aber auch Kreativität, da deiner Vorstellungskraft keine Grenzen gesetzt werden. Es ist ein wirklich schöner und ermächtigender Prozess.

Mit der Zeit fragte ich mich oft, warum es in diesem Bereich keine einfache und für jeden zugängliche Hilfe gibt. Denn stell dir mal vor, wie schön es wäre, wenn alle zufrieden und glücklich mit ihrer Arbeit wären. Kein Gejammer vor oder nach der Arbeit. Sondern ein Lächeln im Gesicht, weil du arbeiten darfst. Würde es nicht dein ganzes Leben verändern?

Deine Arbeit muss für dich Sinn machen und nicht nur die Rechnungen bezahlen. Denn sonst bist du im schlimmsten Hamsterrad von allen. Es gibt schöne Hamsterräder und weniger schöne. Du kannst in einem goldenen und großen Hamsterrad sein oder in einem dunklen und kleinen. Beides sind Hamsterräder, dennoch unterscheiden sie sich voneinander. Es kann sogar sein, dass das ein oder andere Hamsterrad glücklich macht.

Aber hier wollen wir keine Hamsterräder. Wir wollen raus aus dem Hamsterrad. Und ich finde, dass es dafür keine bessere Möglichkeit gibt, als sich mit seiner Leidenschaft auseinanderzusetzen.

> „*Was vor uns liegt und was hinter uns liegt, ist nichts im Vergleich zu dem, was in uns liegt. Wenn wir das, was in uns liegt, nach außen in die Welt tragen, geschehen Wunder.*“
>
> Henry David Thoreau

Arbeit mit Leidenschaft heilt

Für mich war es die beste Entscheidung überhaupt, meiner Leidenschaft nachzugehen. Die gesundheitlichen Probleme, die ich zuvor gehabt hatte, waren wie weggeblasen. Das heißt nicht, dass ich seitdem nie wieder krank war. Aber so diffuse Krankheiten, die kein Arzt klar zuordnen konnte, waren weg.

Ich hatte gefühlt weniger Stress, obwohl ich mehr arbeitete. Es fühlt sich aber meistens nicht wie Arbeit an. Ich hatte plötzlich Spaß daran und erschuf etwas, das ich mir in meinen wildesten Träumen nicht hätte ausmalen können. Meine Seele war plötzlich glücklich und erfüllt.

Der Stress, den ich durch fremdbestimmte Arbeit gefühlt hatte, war nicht länger da. Ich war plötzlich richtig lebendig, bin morgens gerne aufgestanden und konnte es kaum erwarten, vor meinem Laptop zu sitzen.

Magendarm-Probleme, Depressionen, Angstzustände und Trägheit waren plötzlich weg. Das Leben kam mir wieder spielerisch und magisch vor. Ich konnte jeden Tag ausschlafen und lebte nach meinem eigenen Rhythmus. Auch den Arbeitsplatz konnte ich frei wählen, der lange Zeit für mich in den Tropen war. Ich verbrachte mehrere Jahre in Thailand und auf Bali, aber auch in Australien und Portugal.

Dort arbeitete ich in Coworking-Spaces, wo viele Freiberufler und Selbstständige arbeiten. Aber auch Angestellte, die die Option haben, von überall aus zu arbeiten. Die meisten sind sehr motiviert und gut gelaunt. Einfach nur weil sie nicht jeden Tag in ein und demselben Büro gefangen sind und sich ihre Zeit frei einteilen können. Es ist ja auch einfach sehr unkreativ, jeden Tag in demselben Büro zu sitzen.

Ich mag es z. B. projektweise zu arbeiten. Das bedeutet, dass ich manchmal sehr viel (meine eigene Definition von sehr viel liegt momentan bei acht Stunden am Tag) und manchmal nur eine Stunde am Tag oder auch wochenweise gar nicht arbeite. Ich entscheide es selbst. Und genau das ist für mich der absolute Oberluxus. So kann ich kreativ sein und meine Ressourcen selbst einteilen.

Alles, was ich für meine Arbeit brauche, habe ich mir selbst beigebracht. Ich war nicht gut in der Schule und auch nicht an der Fachhochschule. Ich habe nichts im Bereich Medien oder Ähnliches gelernt. Es war mein eigener und individueller Lernprozess. Denn das, was du eventuell bald machen wirst, braucht vielleicht kein Studium oder die passende Ausbildung. Es braucht aber deine Talente und deinen Willen. Der Vorteil an dem heutigen Zeitalter ist, dass du dir selbst aussuchen kannst, was du lernst und wie.

Mich hat meine Arbeit geheilt. Einfach nur weil es sich nicht nach Arbeit anfühlt. Es fühlt sich eher nach einem Hobby an, dem ich mit Leidenschaft nachgehe. Klar gibt es Momente, in denen es richtige Arbeit zu erledigen gibt. Das ist aber nicht oft der Fall. Und dafür bin ich unendlich dankbar.

Ich habe Raum geschaffen für meinen Körper und meine Seele. Ich habe mir das größte Geschenk gemacht, das ich mir machen konnte. Ich mache mit meiner Zeit, was ich will, und nicht das, was mir jemand vorgibt. Und damit fühle ich mich frei und selbstbestimmt.

Dein Mindset

Bevor wir loslegen, möchte ich dein Commitment haben, dass du dich für dich und deinen Weg entscheidest. Denn ohne dein Commitment wird nichts geschehen. Jegliche Motivation und Inspiration ist nichts wert, wenn du es nicht ernstnimmst.

Und bei allem, was du tust, denk daran, dass 80 % an deinem Mindset liegt und nur 20 % an deinen Qualifikationen. Das bedeutet, dass du Grenzen und Hindernisse überwinden kannst, wenn du es wirklich willst.

Wenn du deine Berufung bis jetzt noch nicht gefunden hast, dann ist es allerhöchste Zeit, dass dies endlich geschieht.

Ich möchte, dass du das Buch zu Ende liest und Klarheit hast.

Ich möchte, dass du weißt, wer du bist und was dein Geschenk an die Welt ist. Ich möchte aber auch, dass du in Aktion trittst und es wirklich tust. Denn damit verändert sich dein ganzes Leben.

Und als Allererstes starten wir mit deinem Mindset. Denn du musst erst ein paar Begrenzungen loswerden, damit du wirklich offen für deine Leidenschaft und Berufung bist.

BERUFUNG ALS REBELLION

Nie bist du genug.
Nie hast du genug.
Mehr Bildung.
Mehr Geld.
Mehr Sicherheit.
Schöner werden.
Besser werden.

Schneller, reicher, dünner, klüger, spiritueller, bewusster, besser.

Welcome to the rat race.

Im Hamsterrad wirst du nie genug sein. Eigentlich sollte man es sogar Teufelskreis nennen, da du dein göttliches Wesen nicht wahrnehmen kannst. Deine Vollkommenheit. Ganz genauso, wie du es schon bist.

Du bist perfekt hierhergekommen auf diesen Planeten, und dann wurde dir weisgemacht, dass du so nicht reichst. Dass du dies und jenes noch machen und werden musst, um von der Gesellschaft anerkannt zu werden.

Aber wann ist es endlich genug? Wann hast du genug Bildung? Wann hast du genug Geld? Wann fühlst du dich gut genug? Wahrscheinlich nie. Denn genauso wurdest du dein Leben lang programmiert.

Du arbeitest, zahlst Steuern. Du gibst Geld aus, zahlst Steuern. Du machst Karriere, um noch mehr Steuern zu zahlen und noch mehr Geld auszugeben.

Was für ein Werk.

Wer profitiert davon? Du sicherlich nicht.

Es ist ein ganz geschicktes System, das dir das Gefühl vermittelt, nur etwas zu sein, wenn du einen gewissen Status erreicht hast. Ob es dich glücklich macht und erfüllt, spielt dabei keine Rolle.

Denn wenn das System funktioniert, dann bist du dein Leben lang ein guter Sklave, ohne es zu merken.

Es ist die traurige Wahrheit, wie unser System funktioniert. Also gilt es, Sinn im Unsinn zu finden.

Und wie geht das? Indem du deiner inneren Stimme, deiner Berufung folgst.

Denn dann machst du es wenigstens aus dem Herzen heraus, was dich ein Stück weit aus dem Teufelskreis holt. Denn es gibt dir Sinn in deinem Leben und Erfüllung.

Seiner eigenen Berufung und seinem Herzen zu folgen ist die schönste Rebellion, die ich mir vorstellen kann.

Scheiß auf deinen Lebenslauf

Uns wird beigebracht, dass wir gut in der Schule sein müssen. Die Noten müssen stimmen, danach mit dem Studium anfangen und es in Rekordzeit beenden. Ein tolles Praktikum bei einem großen Unternehmen machen, danach einen sicheren Job mit gutem Gehalt angeln.

Dann arbeitest du viel zu viele Stunden jede Woche für ein Unternehmen, das eventuell noch nicht mal deinen Werten entspricht.

Wo ist in dieser Planung der menschliche Teil? Wo sind deine Werte?

Wo bist du als Mensch mit deinen Wünschen, Träumen und Hoffnungen?

Wer bist du? Was kannst du dieser Welt geben?
Was bringt dich zum Strahlen?

Unsere Bildung hinkt ein wenig hinterher, denn die Welt verändert sich gerade rasant und es wird immer mehr Selbstständige und Startups geben, da sich jeder seinen Traum erfüllen möchte, anstatt für jemanden zu arbeiten, mit dessen Werten man sich noch nicht mal identifizieren kann. Der Sinn fehlt einfach.

Hör auf, Zeit zu verschwenden

Kennst du das Gefühl, Zeit zu verschwenden?

Auf der Arbeit zu sein und dich zu fragen, was du da eigentlich machst?

Fühlt es sich so an, als ob du kostbare Lebenszeit verschwendest?

Fühlst du dich fremdbestimmt und weißt tief in dir eigentlich ganz genau, dass du viel mehr machen könntest?

Du weißt aber noch nicht, was es ist?
Was deinem Leben einen Sinn gibt?
Was dich in Leidenschaft versetzt und antreibt?

Dann bist du hier genau richtig!

Denn exakt damit habe ich mich jahrelang herumgeschlagen, bis ich mich entschied, etwas Gravierendes zu verändern.

Ich habe mich dazu entschieden, meine Leidenschaft zu finden und dieser nachzugehen. Und damit veränderte sich komplett alles für mich.

Falls du noch zu den Menschen gehörst, die immer wieder Dinge aufschieben, dann ist es an der Zeit, deinen Hintern in Bewegung zu setzen.

Es kann sein, dass du Angst hast, nicht weißt, wie du wo anfangen sollst. Es kann auch sein, dass du Angst vor Ablehnung hast oder davor, zu scheitern.

Wir alle haben Ängste, das ist vollkommen normal. Aber immer auf Nummer sicher zu gehen ist doch langweilig, oder nicht?

Stell dir mal vor, wenn du am Ende deines Lebens sein wirst, bist du dann froh, dass du nie Risiken eingegangen bist? Dass du deine eigenen Wünsche vernachlässigt hast und halbtot durchs Leben gegangen bist?

Es ist die größte Zeitverschwendung, sich nicht zu trauen und in einer Art lebenslangen Schockstarre zu bleiben. Weil hey, dies oder jenes passieren könnte.

Dir kann auch zu Hause etwas passieren oder auf der Straße. Risiken sind überall zu finden, sie gehören zu unserem Leben. Macht uns nicht genau das lebendig?

Stell dir mal vor, alles wäre vorhersehbar. Wäre es nicht langweilig?

Mein Leben wäre komplett anders verlaufen und ich bin sehr dankbar dafür, dass alles anders gekommen ist. Es ist aber nur anders gekommen, weil ich Risiken eingegangen bin und mich für mein Leben entschieden habe, anstatt für Sicherheit.

Du kannst deine finanzielle Sicherheit durch ein paar Risiken ausweiten. Du kannst auch dein Wohlergehen durch ein paar Risiken maximieren.

Die Ironie an der Sicherheit ist, dass sie uns schleichend sterben lässt. Da alle Entscheidungen aus den falschen Motiven getroffen werden.

Die Entscheidungen werden aus der Angst heraus getroffen und nicht aus Vertrauen und Mut. Wie fühlt sich Angst an? Und wie fühlt sich Vertrauen und Mut an? Und wie soll sich dein Leben anfühlen?

DIE GRÖẞTE ILLUSION UNSERER GESELLSCHAFT

Als ich mal in Ubud, Bali, in einem Café saß, setzte sich ein Australier zu mir. Schnell erzählte er mir von seinem Leben, seinen Hoffnungen und Träumen.

Sein Traum ist es, ein Stück Land an der Ostküste Australiens zu kaufen und dort ein Heilzentrum zu eröffnen. Dafür hat er jahrelang in Tokyo gearbeitet, bis er das Geld zusammenhatte. Sein Job hat ihm keinen Spaß gemacht und seine Unterkunft war lediglich eine kleine Box, in der er nur schlief.

Als er genug Geld gespart hatte, hat es ihm aber nicht gereicht. Er wollte plötzlich mehr und machte genauso weiter, anstatt seinem Traum nachzugehen. Kurz darauf verlor er sein ganzes Geld. Wie er alles verlor, wollte er mir nicht erzählen.

Und nun macht er wieder genau dasselbe. Warten, arbeiten, bis er bereit ist, seiner Leidenschaft nachzugehen. Er schiebt sein Leben auf morgen auf.

Das Leben ist wie eine Sanduhr. Sie stoppt nicht, nur weil du es willst. Sie läuft weiter und weiter, bis deine Zeit vorüber ist. Nur können wir nicht sehen, wieviel Zeit wir noch haben. Es könnte noch sehr viel Zeit sein, aber auch sehr wenig.

Deshalb ist etwas Wertschätzung der ganzen Schöpfung und unserem Leben gegenüber mehr als angebracht.

Und wie kannst du es mehr wertschätzen als mit Spaß am Leben? Mit Spaß an all dem, was dir das Leben bietet und was du daraus machst, anstatt dich zu beschweren und zu warten.

Aber wir alle verfallen der Illusion, noch dies und jenes machen zu müssen, bevor wir das Leben wirklich genießen. Bevor wir uns diesen Urlaub gönnen, bevor wir uns einen Traum erfüllen, … Meistens sind es finanzielle Ziele, die uns gefangen halten. Und so funktioniert unser ganzes System ganz wunderbar. Alle rackern sich ab, bevor das Leben beginnt. Die meisten haben dann folgende Gleichung im Kopf:

„Wenn ich …, dann werde ich …„

Die Punkte kannst du mit deinen eigenen Gedanken ausfüllen. Mit den Gedanken, die dich noch vom Leben abhalten.

Zu warten, auf den richtigen Augenblick, der nie kommen wird, ist traurige Wahrheit für die meisten von uns.

Denn der richtige Augenblick ist immer jetzt. Denn es gibt nur das Jetzt.

An die Vergangenheit erinnerst du dich nur noch und die Zukunft stellst du dir vor. Sie sind aber nicht real, nicht wirklich da. Es gibt nur das Hier und Jetzt, alles andere ist eine Illusion, der du verfällst.

Wir sind nicht ewig hier

Schiebe deine Träume nicht auf. Dieses Leben ist ein Geschenk und so sollte es auch gelebt werden. Wenn du alles aufschiebst, würdigst du deine Zeit hier nicht.

Du hast keine Absicherung, die dir sagt, dass du hundert Jahre alt wirst. Viellicht wirst du schon viel eher sterben und glaubst nur, dass du uralt wirst.

Und möchtest du dann bereuen, dass du dein Leben aufgeschoben hast, oder willst du es wirklich leben?

Willst du deiner Leidenschaft nachgehen, lieben, reisen, leben oder warten auf den richtigen Augenblick? Auf den Augenblick, der nie kommen wird. Da es diesen richtigen Augenblick einfach nicht gibt. Denn es ist einfach nur die innere Angst, die sagt, dass du noch nicht bereit dafür bist. Wenn du dieser Stimme aber glaubst, dann wirst du nie bereit sein. Es wird nämlich immer einen Grund geben, warum es zu dem Zeitpunkt nicht geht. Es bleibt allein dir überlassen, ob du ängstlich oder mutig leben möchtest.

Viele opfern sich und ihre Träume für andere auf. Früher war es so, dass sich Frauen für ihre Männer aufopferten. Heute ist für viele der gesellschaftliche Druck sehr groß. Es muss schnell Karriere gemacht werden, der Lebenslauf muss gut aussehen.

Aber auch was die Familie und die Freunde denken, ist ein wichtiger Faktor. Da wir soziale Wesen sind, ist uns die Anerkennung anderer sehr wichtig. Und aus der Reihe zu tanzen kann auch mal sehr einsam sein.

Aber wie traurig ist es, sich selbst zu belügen? Seine eigenen Träume über Bord zu werfen, weil es nicht angebracht ist, diese auszuleben? Es ist eine Entscheidung gegen die eigene Seele, das Herz.

Einfach nur um anderen zu gefallen, angepasst zu leben, nicht aufzufallen. Du kreierst dadurch dein eigenes Gefängnis. Aber du kannst jederzeit ausbrechen!

WARUM DU DICH SCHNELLER MIT DEINER LEIDENSCHAFT AUSEINANDERSETZEN MUSST

Ich kenne viele Menschen, die gerne ihre Leidenschaft leben würden. Nichts Schöneres können sie sich vorstellen, als jeden Morgen aus dem Bett zu springen und voller Euphorie in den Tag zu starten. Das, was das Herz möchte, bringt plötzlich Geld ein und der komplette Alltag – nein, eigentlich das ganze Leben – verändert sich dadurch.

Es wird Zeit, sich damit auseinanderzusetzen, denn wir haben so viele Möglichkeiten wie noch nie zuvor. Wer diese nicht nutzt, ist selbst schuld. Natürlich musst du dir erst selbst den Wert geben und dir erlauben deinem Herzen zu folgen. Denn alles fängt damit an.

Alles ist da, was wir brauchen, um unsere Leidenschaft zu leben. Der Verstand muss nur hinterherkommen und es erlauben. Denn normalerweise wird unser Verstand unendlich viele Entschuldigungen finden, warum wir es nicht machen sollten. Wir sind nicht gut genug, wir haben nicht genug Geld, nicht die nötige Bildung, keine Zeit, trauen uns nicht und und und. Die Liste könnte ellenlang sein.

Natürlich steckt auch Arbeit dahinter

Ich sitze zwar gerade in einem Strandcafé an der Gold Coast und genieße den milden Winter hier. Und auch mag ich es, zu schreiben und andere zu inspirieren. Es ist exakt das, was ich mir in meinen Träumen ausgemalt habe, und es ist für mich tausendmal besser als jeder normale Job. Ich habe so viele Freiheiten, dass ich manchmal Schwierigkeiten habe, zu wählen.

Lass dich aber bitte nicht täuschen. Viele verkaufen ein Traumleben nach außen hin, als ob es keine Arbeit wäre oder als ob es keine Schattenseiten hätte. Aber jeder weiß, dass Licht auch Schatten mit sich bringt. Ich muss ehrlich sagen, dass die Schattenseiten nicht gigantisch sind, trotzdem sind sie vorhanden.

Roboter werden uns ersetzen

Ich glaube ja, dass kein Weg daran vorbeiführt, sich mit sich selbst und seiner Leidenschaft auseinanderzusetzen. Unsere Technologien entwickeln sich immer schneller und wir hinken hinterher. Was wäre, wenn unsere Entwicklung eigentlich schon so weit ist, dass alle lästigen Arbeiten von Robotern ersetzt werden könnten? Ich denke, dass wir recht schnell darauf zusteuern und wir in unserer eigenen Entwicklung schneller werden müssen.

Es wird keine Entschuldigungen mehr für die Menschen geben, die einfach keine Lust haben, sich mit sich selbst auseinanderzusetzen. Das bringt natürlich Herausforderungen mich sich, aber auch große Chancen.

Es wird immer mehr Künstler geben, die von ihrer Kunst leben können. Denn Social Media und Google erlauben es, ihre Kunst sichtbarer zu machen.

Auch gibt es immer mehr Startups, die mutig ihr eigenes Business starten und keine Angst vor Risiko haben.

Alles wird verspielter werden. Nur müssen wir offener sein für neue Wege. Denn nur mit Offenheit und der Bereitschaft, etwas anders zu machen, können deine Kreativität und dein Potenzial entfacht werden und dich unterstützen.

SCHEINSICHERHEITEN UND DER TOD DER BERUFUNG

„Arbeit macht keinen Spaß."

„Ich freue mich schon auf die Rente."

„Wenn ich dann in Rente bin, dann geh ich auch auf Reisen."

„Zum Glück sind es nur noch zehn Jahre bis zur Rente."

Alles Sätze, die ich live schon hören durfte und dabei traurig wurde. Richtig traurig, denn es ist für mich eine Art von „Ich spare mir mein Leben für später auf". Aber was ist, wenn wir mit 67 schon unter der Erde sind? Auf was haben wir dann gewartet? Auf den sicheren Tod?

Ist es nicht verantwortungslos, einfach nur vor sich hin zu leben, um dann die letzten Jahre so richtig zu genießen, wenn wir dann vielleicht körperlich und mental gar nicht mehr in der Lage dazu sind? Es ist verantwortungslos, weil wir es anderen vorleben.

Das Leben wird aufgeschoben auf später! Wie etwas, das wir nicht mögen.

Und wenn wir dann in Rente sind, dann wird es wieder andere Gründe geben, warum es nicht geht – was auch immer es dann ist.

In was für einem System leben wir überhaupt, dass in den jungen Jahren Leistung das A und O ist und viele sich über einen Burnout beklagen. Aber im hohen Alter dürfen wir dann „genießen". Ist das System überhaupt so, oder denken wir es nur? Ich denke, dass wir an der Schwelle zur Veränderung stehen. Das alte System dient allmählich aus.

Die Zeit, in der schon Kinder über Leistungsdruck klagen, muss zu Ende gehen.

Immer mehr Menschen wachen auf, wollen nicht mehr nur noch existieren, wollen mehr als nur diese Monotonie, weniger Leistungsdruck, mehr leben, weniger existieren. Das Schöne wirklich wahrnehmen und nicht nur alles an sich vorbeiziehen lassen und sich dann fragen, wo all die Jahre geblieben sind.

Ich denke, dass wir in der heutigen Zeit viele Möglichkeiten haben, die wir auch nutzen sollten. Dank des Internets haben wir die Möglichkeit, zu arbeiten wo, wann und womit wir wollen. Doch wird sich nachhaltig nur etwas ändern, wenn wir anfangen, Verantwortung für unser Leben zu übernehmen. Lasst es uns für unsere Kinder, Enkelkinder tun. Damit sie in einer besseren Zeit leben können. Harmonischer, langsamer, freundlicher, liebevoller und respektvoller.

Ich habe nicht vor, mit 67 in Rente zu gehen. Irgendwas lässt sich später doch sicherlich auch finden, was Spaß macht und womit man Geld verdienen kann.

Die Rente sollte kein Ziel sein, auf das wir hinarbeiten!

Grundsätzlich geht es mir nicht darum, zu behaupten, dass wir nicht für später vorsorgen müssen. So blauäugig bin selbst ich nicht. Mir geht es eher darum, dass wir nicht alles auf später aufschieben sollten, da wir es sonst bereuen!

Stell dir mal vor …

… deine Arbeit macht dir so viel Spaß, dass du dir gar keine Gedanken über deine Rente machst. Ich meine damit nicht, dass du nicht anlegst oder investierst. Sondern einfach nur den klassischen Gedanken der Rente.

Ab dem Moment lebst du im Hier und Jetzt, nicht mehr in der Zukunft. Das Leben findet nämlich immer nur im gegenwärtigen Moment statt. Du weißt nie, was noch kommt.

Wie kann man dann mit dem Leben auf die Rente warten?

Du erledigst das nötige Übel jetzt, damit du dann mit 67 frei bist? Sowas muss nicht sein.

Wenn du deiner Leidenschaft nachgehst, verändern sich deine Gedanken zum Thema Arbeit ganz automatisch.

Und wie durch ein Wunder wirst du automatisch viel mehr arbeiten können. Die Menschen, die immer sagen, dass sie gestresst sind, gehen normalerweise nicht ihrer Berufung nach. Natürlich gibt es auch Ausnahmen.

Normalerweise können aber die Menschen, die ihrer Berufung nachgehen, weitaus mehr leisten als andere. Sie arbeiten oftmals auch härter und mehr Stunden. Sie fühlen es aber nicht, da sie es oft spielerischer und nicht als Last und Zeitverschwendung sehen. Sie lieben es einfach.

Ich kenne Menschen, die innerhalb von einem Jahr ein Buch geschrieben, einen Podcast gelauncht, einen Online-Kurs kreiert und auch regenmäßigen Inhalt für die Website und Social Media erstellt haben und trotzdem jede Nacht acht Stunden schlafen, gesund leben, nicht gestresst sind und es nicht als Arbeit ansehen. Sowas gibt es und es gibt immer mehr solche Menschen.

Die Suche nach Sicherheit

Viele streben nach Unendlichkeit.
Die Unendlichkeit der Jugend.
Die Unendlichkeit einer Beziehung.
Die Unendlichkeit eines Jobs.

Die Unendlichkeit einer Reise.

Der Wunsch danach beruht auf der Suche nach Sicherheit. Die Sicherheit, dass alles so bleibt, wie es ist.

Jedoch bleibt nichts, wie es ist. Alles verändert sich stetig und lässt sich nicht einfrieren.

Zum Glück, denn wenn alles einfach so bleiben würde, wie es ist, wäre es leblos.

Müsstest du in deine Beziehung investieren, wenn du wüsstest, dass dein Partner sowieso immer da sein wird?

Würdest du deine Jugend genießen, wenn du wüsstest, dass sie für immer anhält?

Würdest du Möglichkeiten und Momente wahrnehmen und nutzen, wenn sie konstant da wären?

Das Gefühl von Sicherheit bringt Leblosigkeit mit sich. Du kannst erstarren. Nichts tun. Du musst nicht mutig sein und handeln. Denn auch morgen wird genau dasselbe Leben auf dich warten. Du kennst den kompletten Ablauf. Denn es ist jeden Tag das Gleiche.

Auch bist du nicht mehr dankbar für das, was du hast. Da es ja eh selbstverständlich ist und immer da ist. Ab dem Punkt fängst du an, zu existieren und nicht mehr zu leben.

> “*The more a thing tends to be permanent, the more it tends to be lifeless.*”
>
> Alan Watts

Suche nicht nach Sicherheit. Suche nach dem Leben.

Zu viel Sicherheit killt das Leben in dir.

Unsicherheiten akzeptieren

Unser Leben ist voller Unsicherheiten, ohne dass wir es uns eingestehen wollen. Alles soll eine Garantie haben und wir die Gewissheit, wie alles für uns verlaufen wird.

Wer aber seine Leidenschaft ausleben möchte, wird mit vielen Unsicherheiten konfrontiert werden. Ich sehe die ganze Sache eher als eine Art Test, ob man bereit ist, in seine Macht zu treten und das zu tun, was man tun sollte.

Wer bereit dazu ist, aus seiner Komfortzone zu treten und die Extrameile zu gehen, wird belohnt. Viele Menschen geben nämlich kurz vor dem Ziel auf, weshalb diese kleine Extrameile so unglaublich wichtig ist.

Wenn du den Glauben an dich und deine Leidenschaft nicht verlierst, dann wird es auch funktionieren. Doch wirst du an einige Herausforderungen stoßen, die zu meistern sind. Meisterst du diese, dann hast du gewonnen. Natürlich bleibt es nicht nur bei diesen Herausforderungen, doch ist der wichtigste Part damit erledigt. Du hast an dich geglaubt, auf deine Intuition gehört und nicht auf deinen ängstlichen Verstand und hast dadurch viel an Selbstvertrauen gewonnen.

Du weißt ab diesem Punkt, dass du zu viel mehr in der Lage bist, als du es jemals gedacht hättest. Und ob du es glaubst oder nicht, ab dieser Veränderung in deinem Mindset eröffnen sich ganz andere Dimensionen für dich.

Jeder Mensch, der diesen Schritt gewagt hat, musste durch unsichere Zeiten gehen. Immer wieder wurde der Traum auf die Probe gestellt, um zu sehen, wer stark genug ist und wer nicht. Es erfordert nämlich Willenskraft und Stärke, aus der „Normalität“ auszutreten und sich seine eigenen Regeln zu kreieren.

Wenn es so einfach wäre, dann würde jeder von uns seine Leidenschaft ausleben. Es ist eine absolute Traumvorstellung, doch traut sich leider nicht jeder.

Freiheit ist nicht für jedermann. Manche Menschen brauchen viele Vorgaben und Strukturen durch andere.

Wenn du aber dieses Buch liest, bin ich fest davon überzeugt, dass du auch zu den Träumern, Spinnern, Weltverbesserern gehörst und den Status Quo hinterfragst.

Und ich bin fest davon überzeugt, dass du es schaffen kannst und auch wirst. Lass dich bitte nur niemals von deinem Verstand beirren.

Natürlich sollten der Verstand und die Intuition sich irgendwo in der Mitte treffen, doch werden oftmals unbegründete Ängste mit dem Verstand verwechselt. Das sind dann einfach nur Kreationen in unserem Kopf, die sehr wenig mit echten Gefahren zu tun haben.

Akzeptiere die Unsicherheiten, die in dir aufkommen. Bekomme aber ein Gefühl dafür, welche Unsicherheiten real sind und welche vollkommen aus der Luft gegriffen sind.

Sobald du Unsicherheiten und Herausforderungen nämlich nicht mehr als Hindernis ansiehst, sondern als Test, ob du bereit bist, das zu leben, was du leben solltest, verändert sich deine Geisteshaltung und du gehst entspannter, aber auch zielgerichteter an die ganze Sache.

Wir werden im Leben so oft auf die Probe gestellt und genau in diesen Situationen zeigt sich, ob wir bereit sind oder nicht. Wenn wir nicht bereit sind, dann werden wir irgendwas tun, was uns wieder weiter von unserer Leidenschaft entfernt. Sind wir aber bereit, dann wissen wir, wann es an der Zeit ist, mutig zu sein und unsere Ängste hinter uns zu lassen.

Was dir dabei helfen könnte, ist die Tatsache, dass wir von klein auf mit Regeln aufwachsen und uns Ängste vermittelt werden, die nicht alle real sind. Wir verinnerlichen diese Glaubenssätze und verstärken sie nur umso älter wir werden. Unsere Ängste sind also antrainiert und nicht real. Sie fühlen sich real an, sind es aber nicht. Überlebensängste sind real, aber nicht die Ängste normal neurotischer Menschen.

Geh einen Schritt weiter, als du es möchtest, und du wirst Dinge erleben, die du nicht für möglich gehalten hast. Das Universum unterstützt mutige Menschen mit den richtigen Intentionen.

KOMPROMISSE UND SELBSTLIEBE

Kompromisse können okay sein, müssen es aber nicht.

Ab dem Punkt, an dem du dich zu sehr verbiegen musst, sind Kompromisse nicht mehr okay.

Wenn du nicht mehr du selbst sein kannst und es anderen nur noch recht machst, ist es an der Zeit, umzudenken. Es ist dann an der Zeit, an dich, deine Wünsche und Bedürfnisse zu denken.

Natürlich ist es normal und gut, manchmal Kompromisse für Menschen einzugehen, die einem am Herzen liegen. Es ist schön, etwas für andere zu tun, um die Personen glücklich zu sehen. Aber das sollte nicht zu einseitig werden.

Ich würde niemals mein komplettes Leben für jemanden aufgeben. Ab dem Punkt wäre ich ja auch nicht mehr ich selbst und damit auch nicht glücklich. Folglich kann ich dann auch keine glücklichen Beziehungen führen.

Ich weiß, dass Selbstliebe für viele ein heikles Thema ist, da sie es mit übertriebenem Egoismus in Verbindung setzen. Für mich und viele andere ist Selbstliebe aber etwas ganz anderes. Wenn ich von Selbstliebe spreche, dann meine ich damit, dass du gut mit dir selbst umgehst und deinem Herzen folgst. Du passt dich nicht zwanghaft an, um es anderen recht zu machen.

Die Sache ist nämlich die: wenn du dir selbst keine Selbstliebe und Freiheit erlaubst, dann erlaubst du es anderen auch nicht.

Egal, ob es die Familie ist, Beziehungen oder Freundschaften – jeder erwartet etwas und möchte die Richtung vorgeben. Ist es denn das Richtige für dich oder quälen dich täglich Gedanken, dass du dich selbst aufgibst?

Sich zu verändern und auf die Bedürfnisse anderer einzugehen ist gut und wichtig. Sich aber anzupassen und ein Leben zu führen, das deinen Vorstellungen nicht gerecht wird, ist nicht okay.

Sich um jeden Preis anzupassen, um es anderen recht zu machen, ist Gift für die Seele und führt letztendlich doch eh nur dazu, dass man unzufrieden wird und anderen die Schuld dafür gibt.

Menschen sind verschieden und wollen somit auch unterschiedliche Dinge vom Leben.

Ich tue es auch nicht mehr, da ich aus der Vergangenheit gelernt habe. Ich weiß, was ich will, und bin bereit, Kompromisse einzugehen. Ich bin aber nicht bereit dazu, meine Träume über Bord zu werfen. Sobald Menschen aber auch sowas von dir erwarten, gehören sie eh nicht mehr in dein Leben.

Was passiert, wenn du zu viele Kompromisse eingehst?

- Du bist nicht mehr du selbst.

- Du wirst unzufrieden, da du aufhörst, auf dein Gefühl zu hören, und du nicht mehr wahrnimmst, wer du eigentlich sein wolltest.
- Du fängst an, anderen Vorwürfe zu machen, obwohl es deine Entscheidung war.

Wie du wieder deine eigenen Bedürfnisse wahrnimmst:

- Mach dir in Ruhe Gedanken, was du mal wolltest, es aber für andere aufgegeben hast.
- War es das wert, deine Träume aufzugeben? Falls ja, dann hast du alles richtig gemacht und musst dir auch nicht wirklich Gedanken deswegen machen.
- Falls nicht, ist es wieder an der Zeit, das zu tun, was du insgeheim die ganze Zeit schon tun wolltest.

Natürlich gibt es auch Kompromisse, die es wert sind, einzugehen, da du Wertvolles im Gegenzug bekommst. Dein Gefühl wird wissen, was gut und was schlecht für dich ist.

Du musst nicht so sein, wie andere dich gerne hätten. Sei, wer du bist, und lebe es auch.

SELBSTZWEIFEL SIND NORMAL

Selbstzweifel sind ganz normal. So wurden wir alle erzogen. Du bist also nicht allein. Wir alle kennen es und es begleitet uns andauernd.

„Wer bin ich schon?“
„Ich habe eh nicht die passende Ausbildung.“
„Ich muss noch sehr viel lernen, bevor ich mich an mein Vorhaben machen kann.“

Manche Menschen haben zig Abschlüsse und verstecken sich dahinter.
„Wenn ich das jetzt noch lerne, dann kann ich es wagen.“

Natürlich kommt es auf den Bereich an, in den du dich gerne begeben würdest. Manchmal sind Abschlüsse und Zertifikate erforderlich, manchmal aber auch nicht. Manchmal kommt es einfach auf unsere Lebenserfahrung an, die uns genug lehrte. Ich glaube ja, dass die eigene Lebenserfahrung sehr wichtig ist und das ist, was wirklich zählt. Das Leben lehrt uns täglich mehr, als jede Ausbildung es jemals könnte.

Deine Wunden sind deine Weisheit, dein Schatz, deine Erfahrung. Sie sind das, was dich stark und besonders macht.

Unsere Geschichte inspiriert andere Menschen, sie weckt sie auf, sie bietet Mehrwert für jeden. Jeder Mensch und jede Geschichte ist ein Geschenk, das mit anderen geteilt werden sollte. Teile deine Geschichte und deine Gedanken mit jemandem, dem du vertraust, der dich nicht verurteilt. Umgebe dich mit Menschen, die dich bei deiner Idee unterstützen, anstatt sie schlechtzureden.

Viele Menschen mussten erst ganz unten ankommen, um mit ihrer wahren Leidenschaft dann endlich durchzustarten. Deine Geschichte wird dir auf deinem Weg helfen, wenn du sie als Geschenk ansiehst. Nutze sie und realisiere, dass du etwas Besonderes bist und dazu in der Lage bist, dein Warum zu leben. Tag für Tag. Du kennst es, bist es wert und wirst es auch tun.

Selbstzweifel & deine Ideen

„So viele Menschen tun bereits das, was ich tun will."

Dies ist eine der destruktivsten und einschränkenden Überzeugungen unter Neulingsschöpfern, Kreativen und Unternehmern.

Ich möchte dir gerne Folgendes sagen – und bitte lass es auf dich wirken:

1. Niemand ist wie du. Punkt. Hör auf, alle anderen anzuschauen. Hör auf, dich selbst zu vergleichen. Denn in dem Moment, in dem du dich vergleichst, schrumpfst du. Deine Arbeit wird blockiert sein. Einfach so stoppst du den Fluss des Lebens und der Kreativität. Andere Menschen haben ihre Geschichte, ihre Kunst, Dinge zu tun und ihre Botschaft weiterzugeben. Und du hast deine. Niemand kann dich kopieren, und du kannst niemanden kopieren, denn du bist du und sie sind sie. Es gibt Menschen, die die Angebote anderer

Menschen brauchen, und dann gibt es Menschen, die brauchen, was du hast.

2. Du befindest dich voll und ganz im Knappheitsmodus – wer sagt, dass es hier eine Grenze gibt? Es gibt so viel mehr Menschen in Not als Menschen, die ihnen dienen. Tue dir selbst einen Gefallen und verbinde dich TÄGLICH mit dem Schöpfer, Gott, dem Universum. Deshalb meditieren Menschen. Einfach nur um in ihre Schöpferkraft zu kommen. Wenn du keine Zeit hast, dich jeden Tag in einer Meditation mit dir selbst zu verbinden, dann solltest du dir Gedanken über dein Leben machen.

   Und nur weil eine andere Person etwas hat, heißt das noch lange nicht, dass du es nicht auch haben kannst. Es gibt genug für alle, auch in überfüllten Geschäfts-, Coaching-, Kunst- und Kreativnischen. Aber nur, wenn man sich mit seiner eigenen Quelle verbindet und von diesem Ort aus kreiert.

   Umso authentischer und auf die Berufung deiner Seele ausgerichtet deine Botschaft ist, desto weniger überfüllt wird der Raum der „Konkurrenz". Je mehr Ausrichtung, desto mehr bist du ein Magnet für deine Leute; so funktioniert es einfach. Höre von innen her zu: Kultiviere eine Praxis, um zu hören, was dein Herz dir sagen will, denn von diesem Ort aus wird die Handlung automatisch und authentisch.

3. Wenn du eine Botschaft hast, die dich vor Leidenschaft brennen lässt, wirst du nicht

hinterfragen, ob du sie teilen sollst; du wirst einfach erschaffen und es tun.

Ich glaube, dass es in deiner Verantwortung liegt, deine Gaben zu teilen und deine Botschaft in die Welt hinauszutragen.

DU BIST ES WERT

Es gab Zeiten, in denen ich absolut keine Selbstachtung hatte. Vielleicht befindest du dich aktuell in dieser Phase. Mangelnde Selbstliebe hindert dich daran, ein erfülltes Leben zu führen.

Fühlst du dich nicht geliebt in deiner Beziehung? Nicht respektiert für das, was du tust? Magst du deinen Job nicht? Arbeitest du viel und verdienst wenig? Hast du ausreichend Zeit für deine Liebsten, deine Hobbys und Reisen?

Wenn du Selbstachtung und Selbstliebe hast, dann wird es Dinge geben, die für dich absolut inakzeptabel sind.

<u>Anzeichen für mangelnde Selbstachtung und Selbstliebe:</u>

Du verkaufst dich unter deinem Wert

Es wird Angebote in deinem Leben geben, die im ersten Moment zu gut scheinen, um wahr zu sein. Es kann sich um viel Geld handeln, ein super Jobangebot, eine Beförderung. Doch was bringt es wirklich mit sich? Worauf musst du dafür verzichten? Kannst du deine Individualität ausleben? Hast du genug Zeit für dein Hobby? Was ist dir wirklich wichtig?

Mir ist es z. B. unglaublich wichtig, in einer Umgebung zu leben, die mir gut tut und mich nährt. Ich möchte meine Arbeitszeiten selbst bestimmen und meine Freiheiten weiterhin leben können. Würde mir plötzlich jemand ein unwiderstehlich gutes Angebot unterbreiten, doch müsste ich dafür jeden Tag ins Büro oder könnte meinen Rhythmus nicht mehr selbst bestimmen, wäre mir der Preis einfach zu hoch.

Du denkst vielleicht im ersten Moment „Wow, 50 Euro die Stunde sind eine Menge“, wenn dir ein neuer Job angeboten wird. Aber schau bei jedem Angebot genauer hin. Würde es dich wirklich erfüllen? Was musst du dafür aufgeben?

Dein Wert ist unbezahlbar!

Und egal, was du auch tust: tu es mit deinem Herzen!

Du führst eine lieblose Beziehung

Diese Nummer ist für viele nicht einfach zu verinnerlichen. Ich hatte damit viele Jahre zu kämpfen und lerne auch noch immer. Jedoch ist klar, dass mit ausreichend Selbstachtung keine lieblose Beziehung zustande kommen kann.

Du fühlst dich nicht geliebt? Du wirst nicht so behandelt, wie du es dir wünscht? Und wer ist daran schuld? Du.

Jedoch fangen wir oft an, die Schuld auf andere zu schieben. Damit geben wir dann jegliche Verantwortung für die Gegebenheiten ab. Wenn du dich und deine Bedürfnisse nämlich respektierst, dann übernimmst du auch Verantwortung für dein Leben.

Du kannst nämlich auch mit jemandem zusammen sein, der dich genauso liebt, wie du es tust. Doch musst du dich erst dafür selbst lieben.

Dir ist es egal, was du isst

Würdest du deine Pflanze mit Cola gießen? Wahrscheinlich nicht, da sie eingehen würde.

Ich habe letztens mal wieder nach langer Zeit Alkohol getrunken und diesen überhaupt nicht vertragen. Ich fühlte mich schlecht und wurde dadurch auch übellaunig. Das passiert mir mit Alkohol nun seit über zwei Jahren. Selbst ein Bier geht nicht mehr. Trotzdem tue ich es manchmal, weil ich nicht immer Nein sagen möchte. Trotzdem weiß ich, dass es mir dann schadet.

Wenn ich Müll esse, dann fühle ich mich wie Müll. Esse ich frisches Essen mit viel Obst und Gemüse, dann fühle ich mich frisch, leicht und kann mich konzentrieren.

Wenn du dich und deinen Körper respektierst, dann müllst du ihn nicht zu.

Qualitativ hochwertiges Essen sollte in deinen Körper.

Du gehst Konflikten aus dem Weg

Es wird Konflikte geben. Mit Freunden, mit Partnern, mit der Familie. Es wird Menschen geben, die dich von deinem Weg abhalten werden. Meistens sind es die Menschen, die uns am nächsten stehen. Sie werden dir sagen, was du tun solltest und was nicht.

Stell dir vor, du studierst lange und es wird von dir erwartet, dass du dann einen verantwortungsvollen Job in der Metropole XY beginnst. Was du dir aber wünschst, ist cin Leben in der Natur.

Du wirst für dich und deinen Weg einstehen müssen. Du kannst nämlich niemandem wehtun, wenn du den richtigen Weg gehst. Denn letzten Endes werden alle davon profitieren. Denn wenn es dir schlechtgeht, dann kannst du auch nicht gut zu anderen sein.

Dein Job ist nur ein Job

Ich habe schon die unterschiedlichsten Jobs gehabt. Vom Kellnern, Promo, Maschinen putzen, Inventuren durchführen, als Küchenkraft arbeiten bis hin zum klassischen Bürojob war alles dabei. Und ich muss ehrlich sagen, dass die meisten Jobs keinen Spaß gemacht haben.

Manchmal muss man Jobs machen, damit sie einen dahin bringen, wo man sein möchte. Und das ist auch vollkommen okay, solange du auf etwas Erfüllendes hinarbeitest.

Wenn du dich selbst respektierst, dann arbeitest du nicht. Du machst etwas, das dich erfüllt.

Freunde sind nur für Partys und Small Talk da

Hören dir deine Freunde zu oder erzählen sie den lieben langen Tag nur von sich selbst? Interessieren sie sich wirklich für dich? Oder hast du eher oberflächliche Beziehungen, die aus Small Talk und Partys bestehen?

Jeder braucht echte Verbindungen! Ich entschied mich vor Jahren dazu, lieber eine Handvoll echte Freunde zu haben, anstatt viele Bekannte, mit denen ich eh nicht wirklich connecten kann. Die Welt ist schon oberflächlich genug. Es ist also kein wirklicher Verlust, oberflächliche Verbindungen loszulassen.

Manche Dinge machst du zum letzten Mal

Es wird der Punkt kommen, an dem du entscheidest, dass du gewisse Dinge nicht mehr erlaubst. Es ist der Moment, in dem du beginnst, Grenzen zu setzen.

Ungesunde Beziehungen, ein nicht zufriedenstellender Job und oberflächliche Freundschaften gehören dann der Vergangenheit an.

Wenn du dich nicht respektierst, dann glaubst du, nicht wichtig zu sein.

Du bist aber wichtig!

Positives Denken bringt nichts ohne Selbstwert

Positives Denken wird dir nichts bringen, wenn du keinen Selbstwert hast.

Es ist, als ob du Pickel jeden Tag überschminkst und dich nicht um die Ursache kümmerst.

Der ganze Hype ums positive Denken, positive Vibes ist nichts wert, wenn du nicht verstehst, worum es wirklich geht.

Wenn etwas richtig scheiße in deinem Leben läuft, dann kannst du es nicht durch positives Denken verändern. Nur durch andere Taten und mehr Selbstwert.

Du musst dich erst lieben lernen, dich mit all deinen Stärken und Schwächen akzeptieren und zu richtigem Optimismus finden.

Am besten steigerst du deinen Selbstwert, indem du andere Entscheidungen triffst. Das Thema zieht sich durch alle Lebensbereiche: deine Berufung, Beziehungen, deine Gesundheit, einfach alles. Erst dann erlaubst du dir ein wundervolles Leben. Denn deine Standards setzt du plötzlich höher an. Du weißt, dass du es wert bist und lebst es auch.

Frauen und ihr Selbstwert

Es ist ein paar Jahre her, dass ich für einen Kunden einen Artikel auf meiner Website veröffentlichte und verlinkte. Der Kunde hat übelst gehandelt, bis ich nachgab und dem Preis zustimmte.

Ich glaubte dem Kunden, dass er nicht mehr Budget hatte. Kurz darauf hörte ich von einem Bekannten, der in derselben Branche arbeitet, dass er auch etwas für den Kunden veröffentlicht hat. Für den doppelten Preis. Mehr zu bieten hatte er auch nicht, außer dass er ein Mann ist.

Bis zu diesem Moment habe ich mir nie Gedanken darüber gemacht, dass es so ungerecht zugeht.

Aber es ist bekannt, dass Frauen noch immer in den meisten Ländern schlechter bezahlt werden als Männer. Es tut sich was. Leider, leider ändern sich die Dinge aber nur sehr langsam.

Viel zu viele Frauen verkaufen sich nach wie vor unter Wert. Man sieht es überall. Einfach nur weil es ihnen so eingeprägt wurde und wir nichts dagegen tun. Klar gibt es immer mehr starke Frauen, die für sich einstehen und ihren Wert kennen.

Viele glauben aber nach wie vor, dass Männer stärker sind, sich mehr zutrauen und es okay ist, wenn sie ihrer Karriere nachgehen.

Ich sehe es auch in vielen Coworking Spaces. Manche haben maximal zehn Prozent Frauen. Das stimmt mich nachdenklich. Denn es gibt z. B. so viele allein reisende Frauen, die sich einfach mal trauen, allein um den Globus zu reisen. Wenn es dann aber um die Berufung, das Warum geht, hinken wir Frauen noch ordentlich hinterher.

Die Zeiten sollten aber allmählich vorbei sein, in denen sich Frauen noch so sehr zurückhalten. Wir Frauen haben so viel zu geben und sollten dies auch tun. Wir müssen es nicht so angehen wie Männer, da es natürlich gravierende Unterschiede gibt. Aber auf unsere weibliche, liebende und kreative Art und Weise. Der Planet und die Menschheit könnten sehr davon profitieren.

WAS DENKEN ANDERE ÜBER MICH

Da wir alle nach Zusammengehörigkeit suchen, passen wir uns oft gezwungenermaßen an. Die Angst vor Ablehnung ist einfach viel zu groß.

Ich kenne es von mir selbst, dass ich nicht mit allen Menschen offen und ehrlich reden kann, da jeder ein anderes Bewusstsein hat.

Auch von Freunden weiß ich, was sie manchmal beschäftigt, da wir offen miteinander reden, ganz ohne Scham. Manchmal kommt dann aber der Nachsatz, dass sie es anderen nicht erzählen würden, da sie sonst für verrückt erklärten werden würden. Die Angst, ausgeschlossen zu werden, ist einfach zu groß. Wie anstrengend ist es aber bitte, sich immer verstellen zu müssen und sich nicht so zeigen zu können, wie man in Wirklichkeit ist?

Natürlich hat jeder eine andere Wahrnehmung. Und was für den einen verrückt ist, kann für den anderen ganz normal sein. Ich erlebe aber immer wieder, dass Menschen, die außerhalb der Norm leben, entweder als verrückt, realitätsfern, Spinner oder egoistisch bezeichnet werden. Natürlich will keiner so betitelt werden. Doch ist es meistens wirklich nur die Angst anderer.

Nur die Verrückten leben ihre Träume und sind dadurch auf einem ganz anderen Level unterwegs. Denn Begrenzungen verschwimmen und lösen sich auf. Viele Dichter, Maler, Musiker, Künstler im Allgemeinen und auch Unternehmer sind verrückt. Sobald sie ihre Passion ausleben, begeben sie sich nämlich in eine andere Dimension.

Sie akzeptieren den Status Quo nicht. Zu recht. Sie wollen mehr und suchen danach. Sie glauben an eine höhere Macht, die alles lenkt und ihnen Inspiration und Kreativität schenkt. Begrenzungen lösen sich auf.

Außergewöhnlich Gutes wird selten von Menschen geleistet, die allen Trends folgen und Wert auf landläufige Meinungen legen.

Warum auch nicht an all das glauben, was nicht widerlegt wurde? Ist es nicht beschränkt, nur an das zu glauben, was man kennt und sich sicher anfühlt? Es gibt da draußen noch so viel mehr, was wir nicht erklären können und für uns ein Mysterium ist.

Wenn du dich zu extrem anpasst, hast du schon verloren. Und zwar dich selbst!

Jeder ist dennoch frei in seiner Entscheidung. Wenn wir glauben, wir müssten gesellschaftlichen Maßstäben folgen, liegt das nur an unseren Gedanken. Und Gedanken sind frei. Also steht es auch jedem Menschen frei, umzudenken.

Die Wahrheit, warum so viele Menschen mit ihrem Leben nicht zufrieden sind, ist, dass sie sich vor langer Zeit dafür entschieden haben, normal zu sein, und nun nicht wissen, wie sie den Fehler rückgängig machen können.

Sie haben Angst, die Grenzen zu überschreiten, die das normale Leben für sie gesetzt hat, weil sie es noch nie zuvor getan haben.

Normalität zu umgehen ist wesentlich einfacher, als du denkst. Das mittelmäßige und routinierte Leben wirkt vielleicht momentan bequem, doch frisst es dich von Tag zu Tag mehr auf, solange du in seinen Zwängen bist.

Folge deiner inneren Stimme und Leidenschaft, glaube an dich und an das, was in dir steckt.

Wir müssen verstehen, dass wir zu viel mehr in der Lage sind, als es uns immer eingetrichtert wird. Wir alle haben die Möglichkeit, die Welt ein Stückchen zu verändern, zu verbessern. Wir müssen bei uns selbst anfangen und es an andere weitergeben.

Mach dich frei von den Meinungen anderer

Freiheit beginnt erst, wenn es dir egal ist, was andere über dich denken.

Ich kenne so viele Menschen, die so sehr um ihren Ruf besorgt sind, dass sie ihr eigenes mentales Gefängnis kreieren.

Wenn ich konstant darauf achte, was andere denken und wie ich mich verkaufe, dann vergesse ich mich selbst und meine Bedürfnisse dabei. Ich bin dann ein Gefangener anderer, da ich so lebe und handle, wie andere es erwarten. Oder ich glaube, zu wissen, was andere von mir erwarten. Das Lustige dabei ist, dass die meisten nach den Vorstellungen anderer leben. Wie können aber die Vorstellungen und Erwartungen im Kopf real sein, wenn wir glauben, zu wissen, was andere erwarten. Und die anderen leben auch nach Erwartungen anderer. Es ist einfach nur ein riesengroßer Mix aus ganz vielen Bullshit-Gedanken, die auf keinen Fakten beruhen.

Wenn du dir das nächste Mal Gedanken darüber machst, was andere denken könnten, dann versuch dich daran zu erinnern, dass es DEINE Gedanken sind und du keine Ahnung hast, was die andere Person denkt. Vielleicht denkt die andere Person gar nicht an und über dich nach. Vielleicht ist es einfach nur dein Hirngespinst, das dich von deinem Leben abhält.

Wenn du dich sorgst, was andere Menschen über dich denken, wirst du immer ihr Gefangener sein.

Lao Tse

Horche mal in dich hinein und mache dir mal Gedanken darüber, für wen du dich noch klein machst. Oder anders ausgedrückt: für wen glaubst du, dich noch klein machen zu müssen?

1. Für welche Familienmitglieder hältst du dich zurück?
2. Vor welchen Freunden kannst du nicht du selbst sein?
3. Nach wessen Vorstellungen vom Leben lebst du?
4. Wer raubt dir noch Energie und will nicht, dass du strahlst?
5. Was hast du durch diese Menschen schon (und noch) nicht gemacht?

Folge deiner Leidenschaft

Immer auf Nummer sicher zu gehen, lässt dein Leben monoton werden. Dein Herz schlägt nur selten höher, da du nicht das erlebst, was du gerne erleben würdest. Dasselbe passiert, wenn du zu viel auf andere hörst und dir selbst nicht die Freiheit gibst, du selbst zu sein. Wenn du Dinge nicht tust, nur weil es andere nicht wollen oder du Angst hast, dass dich andere verurteilen, ist es an der Zeit, auszubrechen.

Die Komfortzone ist bei manchen groß und bei anderen recht klein. Aber wirklich aufregend ist nur das, was außerhalb dieser Zone liegt. Für jeden ist es etwas anderes. Lebe nach deinen eigenen Grundsätzen und schränke dich selbst nie zu sehr ein. Nimm dir die Freiheit, du selbst zu sein.

Sei verrückt und halte dich nicht zurück. Riskiere auch mal was – auch wenn du als Verlierer dastehst. Du warst dann wenigstens mutig und hast es versucht. Und selbst das Gefühl reicht oftmals schon aus, um immer wieder etwas zu riskieren und dann auch zu gewinnen. Für Halbherzigkeit ist das Leben zu kurz.

Lass alles, was dich ausbremst und belastet, hinter dir und folge deiner wahren Natur.

Jeder von uns ist anders, hat andere Träume, Wünsche und Hoffnungen.

Folge deinem Gefühl – es weiß, was richtig für dich ist.

Lauf nicht jedem Trend hinterher. Tu das, was du tun willst – unabhängig davon, was andere davon halten.

Sei immer dir selbst treu.

Nimm dir die Freiheit, du selbst zu sein.

Sei spontan und kreativ – denn genau das haben wir in unserer Gesellschaft verlernt.

Erschaffe und drücke das aus, was du sein möchtest.

Denn Freiheit spielt sich im eigenen Denken und Fühlen ab.

Sind dir Sicherheiten und eine gute Bildung wichtig und spiegeln dein wahres Ich wider, dann folge diesem Weg. Bist du aber eher ein Wildfang, glaubst nicht an Sicherheiten, erlebst gerne immer wieder Neues und möchtest dieses auch in deinem Job ausleben, dann tu das!

Tu das, was deiner Natur entspricht.

Entdecke, wer du wirklich bist, und zeige es der Welt auch. Wir haben die Möglichkeit, das zu tun und die Person zu sein, die wir sein wollen. Warum also Zeit verschwenden und jemand sein, der wir in Wirklichkeit gar nicht sind.

> *Meine Freunde halten mich für einen Irren. Aber das bin ich nicht. Ich bin nur so, wie sie wären, wenn sie nicht so viel Angst hätten.*
>
> Johnny Depp

Verschwende dein Leben nicht.

Folge deiner Natur.

Lass deine innere Stimme lauter sein als die Stimmen anderer.

EIN BLICK HINTER DIE FASSADE

Wenn du deine Berufung leben möchtest, musst du unter deine Schale schauen können und auch anderen den Blick hinter die Fassade erlauben. Denn solange du dich hinter etwas versteckst, was du nicht bist, kannst du auch nicht echt sein und deine wahre Berufung leben. Wie soll das auch gehen, wenn du dich die ganze Zeit belügst und dem Universum damit mitteilst, dass du noch nicht so weit bist?

Deine verletzliche Seite ist deine wahre Stärke. Es ist das, was ausgelebt werden soll. Natürlich macht es Angst, genau das auszuleben, was uns so zeigt, wie wir in Wirklichkeit sind. Ohne Mauern, ohne Masken, sondern ganz einfach so, wie wir sind.

Wir werden immer wieder verletzt und enttäuscht, weshalb wir Mauern um uns herum bauen und nicht allen Menschen zeigen wollen, wer wir in Wirklichkeit sind. Viel zu oft glauben wir, dass die Menschen es erst wert sein müssen und sich beweisen müssen, bis wir unser wahres Ich zeigen. Das sind aber nicht Stärke und Vernunft, sondern Schwäche und Angst.

Bevor du deine Berufung leben willst, musst du deine Schale knacken

Ich habe vor einigen Monaten einen sehr interessanten TED Talk gesehen, in dem das Thema durchgenommen wurde.

Die Rednerin war der Meinung, dass die Verbindung zu anderen Menschen unser Leben ausmacht. Sie geht so weit zu sagen, dass wir deswegen hier sind. Für diese Verbindung müssen wir uns aber echt zeigen. Genauso wie wir sind, mit all unseren Stärken und auch Schwächen. Natürlich benötigt dies Courage und Stärke, da viele von uns glauben, dass sie nicht gut genug, nicht schön genug, nicht schlau genug und nicht außergewöhnlich sind. All das stimmt aber nicht.

Wir haben Angst vor Ablehnung. Vielleicht mag uns keiner so, wie wir in Wirklichkeit sind? Vielleicht ist meine neue Idee gar nicht so toll und keiner interessiert sich dafür. Vielleicht schreibe ich 50.000 Wörter, die letztendlich keiner lesen möchte. Was ist, wenn die Freunde meines Freundes mich nicht mögen? All das kann passieren und Letzteres ist mir auch mal passiert. Ich habe mich so verletzt gefühlt wie noch nie. Es war eine neue Erfahrung für mich und dazu eine wirklich schmerzhafte. Aber auch diese Erfahrung war für etwas gut, denn nichts passiert ohne Grund.

Bei meinem ersten Buch hatte ich Angst, dass es keiner lesen wird. Oder noch viel schlimmer, dass mich Menschen für meine persönliche Geschichte verurteilen. All das sind Dinge, vor denen ich Angst hatte. Und du hast sicherlich eine andere Liste.

Zeig dich verletzlich! Es ist sicherlich nicht komfortabel, aber nötig. Wenn du dich nicht so zeigst, wie du bist, kannst du dein Warum nicht leben, keine ehrliche Beziehung führen, keine echten Freunde haben und auch keine Selbstliebe verspüren.

Investiere in etwas, das vielleicht nicht funktioniert. Egal, ob es eine Beziehung oder deine Träume sind. Sobald du dich traust, du Menschen hinter die Fassade schauen lässt, lebst du das aus, was du bist, und ziehst auch dasselbe in dein Leben.

Verletzlichkeit ist der Kern von Angst und Scham. Es ist aber auch der Geburtsort von Freude, Kreativität, Inspiration, Zusammengehörigkeit und Liebe. Leider betäuben wir unsere Verletzlichkeit mit Alkoholkonsum, Drogen, Medien und vielen anderen Dingen. Nur kann man es nicht einfach so betäuben und dadurch auslöschen. Die Angst und die Scham sind trotzdem noch da und wollen gesehen werden.

Ich weiß, du möchtest diese Gefühle nicht fühlen. Ich wollte es auch nie. Doch wenn wir versuchen, sie zu betäuben, dann betäuben wir auch Glück, Dankbarkeit und Freude. Und genau dann fühlen wir uns schlecht und suchen nach Sinn und Bedeutung in unserem Leben.

Wenn du dich schlecht fühlst, deine Beziehung in die Brüche ging oder du schlechte Nachrichten erhalten hast, lebe dieses Gefühl aus. Als meine letzte Beziehung in die Brüche ging, lag ich den kompletten Abend in meinem Bett und habe nur geweint. Es war hart für einige Tage, aber danach habe ich mich gut gefühlt, da ich dem Gefühl Raum gegeben habe. Ich habe es einfach ausgelebt und rausgelassen und dadurch verarbeiten können. Früher wäre ich direkt am nächsten Wochenende feiern gegangen, hätte ein paar Cocktails zu viel getrunken und mich am nächsten Tag miserabel gefühlt.

Erlaube es also. Fühle und verarbeite es.

Aus Angst und Verletzlichkeit versuchen wir, alles sicher zu machen. Auch die Dinge, für die es keine Sicherheiten gibt. Und überall ist dies zu beobachten. Egal, ob in der Politik, Religion oder einfach im Privatleben. Wir werden immer ängstlicher. Wir wollen perfekt sein und verpassen uns Schönheitsoperationen und versuchen unsere Kinder perfekt zu erziehen. Denn unsere Kinder sollen schön und klug sein. Viele Sprachen sprechen und Instrumente spielen. Sie sollen besser als die Kinder des Nachbarn sein. Anstatt ihnen einfach zu zeigen, dass wir sie lieben, ganz egal, wie sie sind.

Ich hatte früher große Probleme, mich verletzlich zu zeigen. Auch heute ertappe ich mich noch ab und zu dabei. Als ich damals während meines Studiums einfach nicht weiterkam, wollte ich es mir nicht eingestehen. Ich mochte einfach nicht, was ich studiert habe, wollte aber Stärke beweisen und es trotzdem abschließen. Dadurch wurde es von Woche zu Woche schlimmer. Ich suchte immer öfter Ärzte auf, die mir Medikamente verschrieben, die mich einfach betäubten. Natürlich fragten sie mich nach meinem Wohlergehen. Ich war aber der Meinung, dass es mir gut ginge und ich einfach nur ein paar Mittelchen zum Schlafen und für die Prüfungen benötigte. Ich wollte mich einfach nicht verletzlich zeigen und mir eingestehen, dass es mir nicht gutging.

Dasselbe tat ich, nachdem ich mit 180 km/h vor die Leitplanke gefahren war, da ein LKW auf meine Spur rüber gezogen hatte. Ich saß zwei Tage später wieder im Auto und fuhr. Ich hatte Angst, auf die Autobahn zu fahren, und fing an, zu hyperventilieren. Allen anderen erzählte ich, dass es mir gut ginge und es kein Problem war, wieder Auto zu fahren. Mir ging es zu dem Zeitpunkt wirklich nicht gut, was sich dann noch über die nächsten Jahre verschlimmerte.

Ich war auch nicht in der Lage, um Hilfe zu bitten. Alles wollte ich immer alleine machen. Ich wollte mir nicht eingestehen, dass jeder ab und zu mal Hilfe braucht. Es fühlte sich aber einfach wie Schwäche an. Ich wurde so erzogen, dass Verletzlichkeit etwas für Schwächlinge ist. Es dauerte also eine Weile, bis ich das ablegen konnte.

Es gab so viele Situationen, in denen ich Hilfe hätte gebrauchen können, doch war ich einfach zu stolz. Ich kann mich noch sehr gut an Situationen in Australien erinnern, als mein damaliger Mitbewohner mir immer wieder Hilfe anbot. Er wollte mir beim Einzug helfen, mich in die Stadt fahren, mir meine Zeit in Australien erleichtern, mir beim Auszug helfen. Aber nichts davon wollte ich annehmen. In der Zeit wurde es ganz offensichtlich für mich, dass ich große Probleme damit hatte, Hilfe anzunehmen und mich auch verletzlich zu zeigen. Nimm also bitte Hilfe an, wenn du sie brauchst und sie dir angeboten wird!

Die Sache ist nämlich die: wenn du dich nicht verletzlich zeigst, diese Gefühle nicht akzeptierst, dein wahres Ich nicht lebst, dann kannst du auch in anderen Lebensbereichen nicht erwarten, das zu bekommen, was du gerne hättest. Denn du bist einfach nicht echt.

Die Verbindung, die ich zu meinen Lesern aufgebaut habe, wäre nicht zustande gekommen, wenn ich mich emotional nicht nackig gemacht hätte.

Und glaub mir, ich hatte so eine Angst davor, mich verletzlich zu zeigen und das zu thematisieren, was mich wirklich interessiert.

Nachdem ich es aber getan hatte, überkam mich ein unglaublich befreiendes Gefühl. Es tut einfach unglaublich gut, so zu sein, wie man ist.

Wenn du also Angst vor etwas hast, sag es. Wenn du einen Fehler gemacht hast, sag, dass du einen Fehler gemacht hast. Wenn du dich verletzt fühlst, sag es. Wenn du verliebt bist, dass du verliebt bist. Sei ehrlich zu dir und anderen. Wir sind alle nur ein ultrakleiner Fleck im Universum. Warum also nicht ehrlich sein und das offen ausdrücken, was uns beschäftigt? Was soll schon passieren?

Denn nur das, was dich verletzlich macht, macht dich auch schön und einzigartig.

Nimm also die Maske ab. Hab die Courage, unperfekt zu sein, und die Stärke, dich von der Vorstellung zu verabschieden, jemand anderes sein zu sollen, um genau die Person zu sein, die du in Wirklichkeit bist.

Zeig dich verletzlich.
Liebe mit deinem ganzen Herzen.
Denn du bist genug.
Du bist schön.
Du bist es wert.
Du bist einzigartig.

Verletzlich zu sein bedeutet, tief und echt gesehen zu werden. Es bedeutet, mit ganzem Herzen zu lieben und dich der Welt so zu zeigen, wie du bist. Dich verletzlich zu fühlen bedeutet, wirklich lebendig zu sein mit all seinen Facetten.

Hör auf, dich zu verstecken

Mach dich nicht kleiner und unbedeutender, als du bist.

Ich war während meines damaligen Studiums halbtot. Ich existierte einfach nur noch und hatte kaum Enthusiasmus in mir.

Wir glauben oft unbewusst, dass wir es nicht verdient haben.

Wir sollten nicht aus der Reihe tanzen. Bloß nicht auffallen.

Es ist mir schon passiert, dass Leute glaubten, ich sei high. Ich bin aber einfach so. Ich bin glücklich über mein Leben. Und nur weil sie sich an diesen Zustand nicht erinnern können, verurteilen sie es.

Dies war nicht immer so und ist auch nicht jeden Tag so. Es gibt natürlich Tage, die das Gegenteil davon sind, aber sie sind inzwischen selten.

Kleidest du dich zu auffällig? Bist du zu laut? Äußerst du offen und ehrlich deine Meinung? Tanzt du einfach aus der Reihe?

Herzlichen Glückwunsch! Du bist lebendig und zeigst dies auch.

Lass dein Feuer niemals von anderen löschen.

Mit dir ist alles in Ordnung.

Zeige dich und was du der Welt zu geben hast.

Versteck dich nicht, nur um anderen einen Gefallen zu tun.

Du bist es wert, glücklich und erfüllt durchs Leben zu gehen.

Denn sobald du wirklich offen und verletzlich bist und aufhörst, Angst davor zu haben, gesehen zu werden, geschehen Wunder. So viele Schichten fallen von dir ab, was dir auch den Zugang zu deiner Berufung vereinfacht. Denn du bist einfach du selbst.

BEQUEMLICHKEIT IST EINFACH NUR ANGST

Die Angst versteckt sich hinter der Bequemlichkeit. So oder so ähnlich sehe ich das. Denn wenn du deine Angst hinter dir lässt oder sie akzeptierst und es dennoch machst, ist deine Bequemlichkeit spurlos verschwunden.

Ich habe mal vor ein paar Jahren eine junge Frau auf einer Veranstaltung in Australien kennengelernt. Es hat sofort zwischen uns geklickt, wir waren auf demselben Level und wollten echte Veränderung in unserem Leben herbeiführen. Sie ist gerade frisch von Sydney nach Brisbane gezogen, hat ihren alten Job hinter sich gelassen und wollte sich selbstständig machen. Ich hatte bei ihr das Gefühl, dass es möglich wäre, Freundschaft und Motivation zusammenzubringen.

Der Plan war es, nach der Veranstaltung sich einmal im Monat zu treffen. Wir wollten eine Mastermind-Gruppe bilden und über unsere Ideen und Pläne reden. Super Plan, der aber Aktion erfordert. Sie lebt in Brisbane und ich in Byron Bay. Zwischen beiden Orten liegen zwei Stunden Autofahrt. Kein wirkliches Problem für mich, da ich in den letzten Jahren viel Bequemlichkeit abgelegen musste.

Als sich bei ihr viel tat und sie ihre Erlebnisse und Durchbrüche mit mir teilen wollte, schickte sie mir eine Nachricht und wollte sich mit mir treffen. Ich schlug vor, dass wir uns in der Mitte treffen könnten, was die Gold Coast wäre. Ihre Antwort war dann aber, dass es zu weit und umständlich wäre. Sie müsste eine Stunde fahren und außerdem sind die Benzinpreise zu hoch. Sie wollte also, dass ich die zwei Stunden zu ihr fahre, und selbst nichts dafür tun. Ich habe ihr höflich meine Meinung dazu gesagt und es kam zu keinem Treffen.

Es ist mir schon so oft passiert, dass ich Menschen getroffen habe, die gerne etwas machen würden, jedoch zu bequem sind. Die Wünsche, Pläne und Hoffnungen sind riesengroß, jedoch ist keine Aktion dahinter. Es werden dann meistens irgendwelche Entschuldigungen gefunden, warum es gerade nicht geht. Entschuldigungen, um einfach komfortabel zu bleiben. Veränderungen sollen dann einfach nur durch die Wünsche herbeikommen.

Wenn ich sehe, dass jemand noch nicht einmal kleine Opfer bringt, wie sich eine Stunde ins Auto zu setzen, dann ist es mehr als offensichtlich, dass die Veränderung kein wirklicher Herzenswunsch ist. Denn wenn Veränderung überfällig ist, dann lässt man die Bequemlichkeit hinter sich. Veränderung ist nämlich niemals bequem und das weiß unser Ego ganz genau und wird auch versuchen, dagegen anzukämpfen.

Wenn ich etwas will, dann setze ich mich auch in den Zug oder Flieger, auch wenn es nur für ein kurzes Treffen ist. Selbst als ich finanziell nicht so gut dastand, habe ich Möglichkeiten gefunden, die Menschen zu treffen, die ich treffen wollte.

Wenn ich etwas will, dann arbeite ich auch dafür, bis ich es habe. Es gibt dann nicht die Option für mich, jeden Abend Serien zu schauen, wenn ich ganz genau weiß, dass es meine Kreativität und meinen Tatendrang killt.

Wenn ich gerade nicht kreativ arbeite, dann gönne ich mir ab und zu so einen Abend … oder auch zwei ;-) Aber das sind dann Phasen, in denen ich es mir einfach erlaube, runterzufahren und zu entspannen. Wenn mir aber etwas wirklich wichtig ist, dann lege ich meine Bequemlichkeit ab. Es ist egal, ob es sich um meine Gesundheit handelt und ich mehr Sport treiben muss, einen Spezialisten aufsuchen sollte oder meine Ernährung verändern will. Ich tue es.

In einem erfüllten Job erfordert es auch Handlung, Mut, Wachstum und Kreativität. Mit Bequemlichkeit wirst du nicht sehr weit kommen können. Auch Beziehungen und Freundschaften erfordern immer wieder Aktion, sonst rosten sie und werden monoton. Es ist so wichtig, immer wieder etwas Schönes zu unternehmen und gemeinsam zu wachsen.

Wenn du etwas willst, dann fang an zu handeln. Wenn du es nicht tust, dann ist es einfach nicht wichtig genug.

Es kann sich durch Nichtstun auch nichts ändern. Du wirst nicht stärker und erfüllter werden, wenn du deine Handlungen dieselben bleiben und du Komfort über alles stellst.

Wenn du aber mal etwas tust, was alles andere als komfortabel ist, wirst du merken, dass du dich nach jeder Handlung, die außerhalb deiner Komfortzone liegt, einfach nur fantastisch und unaufhaltsam fühlen wirst.

Wenn du etwas willst, dann tu auch etwas dafür. Für die schönsten Dinge im Leben müssen wir Ängste hinter uns lassen und mutig sein.

Lasse deine Angst los

Ich glaube, dass Angst die größte Rolle in unserem Leben spielt, wenn es darum geht, nicht unseren Weg zu gehen, nicht unsere Träume zu verwirklichen und bloß angepasst zu leben. Angst ist gemein und hinterhältig. Sie hält uns davon ab, unser wahres Ich zu leben. Wenn wir Angst haben, können wir nicht ausleben, was wir ausleben wollen. Jedoch ist Angst oftmals nicht real. Eigentlich ist sie meistens nicht real.

Vor welchem Schritt hast du Angst?

Sei ehrlich zu dir. Ganz im Inneren weißt du nämlich, wovor du Angst hast.

Hast du Angst, für deinen neuen Weg verurteilt zu werden?

Hast du Angst davor, andere mit deiner Entscheidung zu verletzen?

Hast du Angst, zu versagen, oder hast du Angst vor deiner wahren Größe?

Ist es an der Zeit, deinen Job zu kündigen, an dich selbst zu glauben und das zu machen, was du machen möchtest?

Sobald du diese ehrliche Unterhaltung mit dir selbst führst, hast du den ersten Schritt hinter dir und kannst den nächsten gehen. Das löst dann einen Prozess aus, der dich noch viele weitere Schritte gehen lässt und dich Schritt für Schritt dorthin führt, wo du hinmöchtest.

Ich habe für mich gemerkt, dass ich Angst davor hatte, etwas Neues anzugehen, den nächsten Schritt zu wagen. Ich wollte mich einfach klein halten, da es dort gemütlich war. Außerdem gebe ich mit jedem Projekt und jedem Wort nur noch mehr von mir preis. Das macht mich noch verletzlicher und angreifbarer. Doch sagte mir mein Gefühl, dass ich weitermachen sollte. Es war an der Zeit für Veränderung und neue Herausforderungen. Nur hatte ich einfach tierisch Schiss davor.

Die letzten Jahre waren voller Veränderungen, weshalb ich dachte, dass es schön wäre, einfach mal stehenzubleiben. Doch war es nicht mein Gefühl, das stehenbleiben wollte, sondern mein Verstand. Und das ist ein riesengroßer Unterschied. Wenn du fühlst, dass du eher eine Pause br-auchst, dann gönne sie dir auch. Wenn du aber gerne etwas tun würdest, du aber blockiert bist, ist es an der Zeit, dich mit deinen Ängsten auseinanderzusetzen.

DIE ENTSCHEIDUNG FÜR DEINE LEIDENSCHAFT UND BERUFUNG

Wir alle können in jedem Moment frei wählen. Das ist Freiheit.

Man muss diese Freiheit nur zu nutzen wissen, seinen Entscheidungen vertrauen und eine Portion Mut aufbringen.

Denn jeder trägt eine Superpower in sich. Und diese Superpower heißt: Entscheidungen treffen!

Du trägst eine sehr große Macht in dir. Die Macht, über dein Leben bestimmen zu können. Du kannst in jedem Moment eine Entscheidung treffen, die deinem Leben eine komplett neue Richtung gibt.

Entscheidungen zu treffen ist wie eine Superpower. Du kannst damit jeden Lebensbereich verändern. Jederzeit.

Um ein neues Leben zu erschaffen, musst du ins Tun kommen. Und ins Tun kommst du mit Entscheidungen. Jeder Gedanke ist nichts wert ohne Entscheidungen und Aktion.

Die Macht der Entscheidung ist gleichzeitig die Macht der Veränderung.

Wir können nicht immer die Geschehnisse im Leben kontrollieren. Aber wir können entscheiden und kontrollieren, was wir denken, glauben und wie wir handeln.

Die meisten von uns vergessen, dass sie die Macht der Wahl haben.

Ultimativ sind es unsere Entscheidungen, die über unser Leben bestimmen, und nicht unsere Umstände. Wie du heute lebst und wer du bist, ist das Resultat davon:

- mit wem du Zeit verbringst
- ob du dich weiterbildest
- was du entschieden hast, zu glauben
- ob du in einer Beziehung oder verheiratetet bist
- was du isst
- ob du Sport treibst

Und noch viel wichtiger:

- die Entscheidung, wer du bist und was du kannst
- die Entscheidung, keine Entscheidungen zu treffen

All das kontrolliert und diktiert dein Leben.

Die Angst vor Entscheidungen

Jedoch fällt es den meisten von uns schwer, Entscheidungen zu treffen. Besonders dann, wenn es um wichtige Entscheidungen geht, die viel im eigenen Leben verändern können. Es ist die Angst vor den Veränderungen und davor, Risiken einzugehen. Die Angst vor einer falschen Entscheidung ist einfach zu groß.

Nur wird Wachstum und jede Veränderung, die wir gerne hätten, nur durch Entscheidungen eingeleitet. Mit jeder Entscheidung, die wir treffen, trennen wir uns auch von etwas. Wir wählen etwas Neues und trennen uns von den Wegen, die wir nicht beschreiten und deren Ziele wir nie kennenlernen werden. Je mehr Optionen wir haben, desto schmerzhafter der Entschluss und desto größer das Risiko der Enttäuschung durch eine falsche Wahl.

Bei jeder Entscheidung in unserem Leben haben wir die Wahl zwischen der Vergangenheit und der Zukunft. Ist das Alte gut für uns, können wir uns dafür entscheiden und daran festhalten. Entscheiden wir uns aber für das neue Ungewisse, sind wir frei für neue Chancen und können unserer Leidenschaft und Berufung folgen. Eine Sache ist nur nicht möglich: an der Vergangenheit festzuhalten und nach den neuen Träumen zu greifen. Es funktioniert nur, wenn wir uns von Sicherheiten trennen und die Vergangenheit loslassen. Das erfordert Mut.

Du musst dir Gedanken darüber machen, ob du festhalten oder loslassen willst. Nur du weißt, ob du glücklich mit deinem jetzigen Leben bist oder ob du etwas verändern möchtest.

Warum triffst du keine Entscheidungen?

Glaubst, du dass du bei deiner Berufswahl bleiben musst, nur weil du vor vielen Jahren diese Entscheidung getroffen hast? Wir verändern uns und dann ist es auch an der Zeit für eine neue Berufswahl. Oder gehörst du zu den Menschen, die der Meinung sind, sich später entscheiden zu können? Selbst wenn du keine Entscheidung getroffen hast, hast du es eigentlich doch. Du hast dich dann für die Unentschiedenheit entschieden. Dafür habe ich mich auch schon zigmal entschieden und es hat mich verdammt viel Energie, Zeit und Freiheit gekostet. Ich konnte mich nicht bewegen. Ich stand nach wie vor an derselben Stelle und kam nicht weiter.

Wiederum andere lähmt die Angst vor einer falschen Entscheidung. Dabei gibt es keine falschen Entscheidungen, da man gar nicht wissen kann, wie das Leben bei einer anderen Entscheidung verlaufen wäre und was einem widerfahren wäre.

Das Schlimmste, was man machen kann, ist abzuwarten, bis man keine Entscheidung mehr treffen muss. Dabei handelt es sich natürlich um keine Wahl, da du die Entscheidung gar nicht würdigen kannst.

Wie du Entscheidungen treffen kannst

Benutze deine Intuition, dein Bauchgefühl. Jeder von uns hat es und kann davon profitieren. Ohne die Intuition wüssten wir auch gar nicht, wann wir uns in gefährlichen Situationen befinden. Uns werden immer Signale geschickt, wir müssen diese nur wahrnehmen.

Wenn du zurückblickst, wirst du dich sicherlich an Situationen in deinem Leben erinnern, die nicht besonders gut für dich liefen. Und wahrscheinlich wirst du auch vorher schon dieses ungute Gefühl gehabt haben, das dich an etwas zweifeln ließ. Oftmals hören wir aber nicht darauf und fallen dann auf die Schnauze.

Der Körper sendet uns immer Signale und sagt uns, was falsch und was richtig für uns ist. Wenn du eine Entscheidung treffen musst, achte einfach darauf, wie du dich fühlst, wenn du daran denkst. Verändert sich dein Atem, spürst du irgendeine Art von Furcht, hast einen Kloß im Hals, Muskelverspannungen oder sogar Zittern? Oder fühlst du wohlige Wärme im Bauch, ein weites Gefühl in der Brust, ein angenehmes Kribbeln? Deine Intuition lebt in deinem Körper und nicht in deinen Gedanken. Lass also deinen Körper sprechen!

Eine andere Möglichkeit, deine Intuition für Entscheidungen zu nutzen, ist die Meditation. Wenn du damit anfängst, wenigstens täglich ein paar Minuten zu meditieren, schulst du deine Intuition und lernst, den ganzen Lärm in deinem Kopf verstummen zu lassen.

Während der Meditation kannst du auch einfach um Hilfe bitten. Es ist egal, ob du es Gott, das Universum, die innere Stimme oder dein Unterbewusstsein nennst. Wir alle haben den Zugang dazu und können uns so führen lassen. Ich habe es selbst auch schon öfters genutzt und lag damit nie falsch. Als ich nach einem Namen für meinen Blog suchte, habe ich auch meditiert, mich danach schlafen gelegt und bin früh mit dem Namen „Modern Hippie“ aufgewacht.

Manchmal schreibe ich meine Optionen auch auf Zettel und lose dann. Meistens ist es dann ganz einfach, da ich sofort spüre, ob mir diese Wahl gefällt oder nicht. Wenn ich kein Gefühl verspüre, ist es eh egal, welche dieser Optionen ich wähle. Hauptsache ich treffe eine Entscheidung.

Viel zu oft werden wir in unserer Vergangenheit gefangen gehalten, da wir uns an Sicherheiten und Dinge klammern. Dadurch sind wir nicht frei für das Leben, das uns glücklich machen würde.

Egal, was du tust, ob du dich für deine Vergangenheit oder für die Zukunft entscheidest, Hauptsache du triffst eine Entscheidung! Wenn du keine Entscheidung triffst, blockierst du dein Wachstum.

> *Entscheidungen können entscheidend fürs Leben sein. Denn ein Leben ohne Entscheidungen ist kein Leben.*
>
> Jan Wöllert

Deine Entscheidungen bestimmen über dein Schicksal!

Viele Menschen beschützen sich selbst, indem sie keine Risiken eingehen. Dadurch halten sie an einem Leben fest, das ihnen gar nicht mehr gefällt. Aber gibt es ein größeres Risiko, als ein Leben zu führen, das einen nicht glücklich macht?

Bevor du aber eine wichtige Entscheidung triffst, denk daran, dass deine Intuition und dein Herz schon längst wissen, was richtig für dich ist! Lasse fremde Meinungen außen vor und vertraue deiner inneren Stimme.

Eigenverantwortung und Selbstermächtigung

Wir geben gerne anderen die Schuld dafür, wenn etwas nicht so läuft, wie wir es uns wünschen, oder wir Angst haben, Verantwortung zu übernehmen. Schuld sind dann oft die Eltern, Freunde, die Regierung, Lehrer oder dein Chef.

Doch bist du die Person, die dieses Gefühl verspürt! Du in deinem Inneren und kein äußerer Umstand. Der wichtigste Punkt ist es, Verantwortung für dich und dein Leben zu übernehmen.

Niemand wird dir die Entscheidung abnehmen können.

Die Verantwortung kannst du abgeben, aber du wirst dann nie ein eigenständiges, freies und erfülltes Leben führen können. Du wirst dann immer von den Entscheidungen anderer abhängig sein. Für manche ist dies okay, für andere aber weniger.

Lehrer machen dich nicht schlau.
Doktoren machen dich nicht gesund.
Trainer machen dich nicht fit.
Coaches machen dich nicht reich.
Dein Wachstum ist allein deine Verantwortung und deine Entscheidung.

Alles, was du veränderst und auch nicht veränderst, ist deine Entscheidung!

VERÄNDERUNG WILLKOMMEN HEIßEN

Du befindest dich im Prozess und willst dein Warum und deine Berufung leben, doch kommen da auch viele Veränderungen und Unsicherheiten auf dich zu. Und genau diese musst du auch zulassen können. Wenn du deinen eigenen Prozess blockierst und keine Hilfe annimmst, kann es nichts werden.

Ich kenne es selbst nur allzu gut von früher. Es gab Menschen, die mir unbedingt weiterhelfen wollten. Die einen wollten mir mein damaliges Studium schmackhaft machen, die anderen hatten Ideen, wie ich zukünftig mein Geld verdienen könnte, und wollten mir eine neue Richtung aufzeigen. Ich versuchte mir einzureden, dass diese Optionen super für mich sind. Nur fühlte es sich nicht danach an. Nichts davon wollte ich, da es nicht das Richtige für mich war. Heute weiß ich das. Damals wusste ich das nicht.

Eine gute Freundin von mir plante seit einer Weile, sich selbstständig zu machen. Sie läuft für ihr Leben gerne und wollte das zu ihrem Business machen. Sie wollte Reisen in den USA anbieten, die Laufen als Schwerpunkt gehabt hätten und Menschen mit demselben Interesse vereint hätten. Aber irgendwie hatte sie keine Energie neben ihrem normalen Job, ihr Business aufzubauen.

Nun kam ihr Kindheitstraum wieder in ihr hoch. Sie bewarb sich umgehend für den Job bzw. das Training und ist bereit, jegliche Energie dafür aufzuwenden. Bei der ersten Businessidee war ihr Herz nicht dabei, bei der anderen Sache aber schon. Es fühlt sich anders an, einem

Herzensprojekt nachzugehen. Herausforderungen werden gemeistert, anstatt Ausreden zu finden. Es ist richtig und du nimmst die Veränderung an.

Veränderung kommt von innen

Bevor du selbst etwas nicht wirklich willst, kann dir auch keiner helfen. Kein Ratgeber, kein Coach, kein Freund und auch nicht deine Familie. Denn kein Mensch kann dir zu Veränderung verhelfen, wenn du es selbst nicht wirklich willst.

Es gibt Menschen, die sich im Fitnessstudio anmelden und glauben, dass es damit getan ist. Ich habe es früher auch gemacht und habe mich dann einmal im Monat dorthin gezwungen. Es war die reinste Geldverschwendung, da ich selbst absolut keine Lust darauf hatte.

Andere wollen gerne reisen, sind aber nicht bereit dazu, mehr zu arbeiten, weniger Geld auszugeben oder ihre Prioritäten zu verschieben, und jammern dann, dass ihnen das Geld zum Reisen fehlt. Was letztendlich fehlt, ist der Wille!

Veränderung tritt erst dann ein, wenn du keine Ausreden mehr findest und es sich richtig anfühlt. Denn wenn du bereit dazu bist, etwas zu verändern, dann wirst du es auch tun und deinen Fokus nur darauf ausrichten.

Natürlich musst du für Veränderungen auch Unsicherheiten, die Angst, enttäuscht zu werden, und Versagen in Kauf nehmen. Ist dir dies schon zu anstrengend? Zu gefährlich? Macht es dir Angst, dich auf Neuland zu begeben?

Vielleicht lassen aber auch andere deine Veränderung nicht zu, da sie einen Nachteil für sich darin sehen. Oder sie glauben durch ihre eigenen Ängste, dass deine Veränderung gefährlich wäre. Hörst du aber darauf, entwickelst du dich nur so weit, wie es andere zulassen.

Manche sind auch einfach nur zu stolz für Veränderung. Du fragst andere nicht gern, wenn du etwas nicht verstanden hast, und gibst Fehler nicht gerne zu. Durch deinen Stolz wagst du nichts Neues, um dich einfach nicht zu blamieren. Es wird sicherlich auch Herausforderungen auf dem Weg geben, die gemeistert werden wollen. Manchmal können es auch größere Probleme sein. Aber selbst dabei gilt es, immer wieder aufzustehen. Sofort hinzuwerfen ist nicht die Lösung.

Wenn du etwas in deinem Leben verändern möchtest, musst du es auch wollen. Also lass es zu und blockier dich nicht unnötig und tu es, weil dein Herz es will und nicht weil es dir andere sagen.

Es ist kein gradliniger Prozess

Wenn du anfängst, dein Warum zu suchen oder auch schon zu leben, dann wirst du sehr schnell merken, dass es kein gradliniger Prozess ist.

Denn es ist kein normaler Job. Dein Warum spiegelt dich als Person wider. Deine Bedürfnisse, deine Hoffnungen und Wünsche.

Und genauso wie du dich veränderst, wird sich auch dein Warum mit dir verändern. Es ist eine wunderschöne Sache, da es dein Wachstum widerspiegelt. Du kannst deiner Arbeit deinen Fortschritt entnehmen.

Als Gründer wirst du dich immer wieder neu erfinden müssen. Das sollte dich aber nicht abschrecken, sondern inspirieren und motivieren. Denn es wird nie langweilig und du darfst konstant wachsen und dem nachgehen, was du liebst. Ist das nicht wahnsinnig toll? Es scheint manchmal zu gut, um wahr zu sein. Es ist aber wahr.

Natürlich gibt es Phasen, die es in sich haben. Gerade vor einem großen Entwicklungsschritt kann es holprig werden. Auch chaotisch und nervenraubend, aber das Resultat lässt sich meistens sehen.

Du bestimmst dein Tempo selbst und wie weit du gehen willst. Es bleibt allein dir überlassen.

Es kann sein, dass du dein Warum findest und es nach einer Weile wieder hinterfragst, was vollkommen natürlich ist. Vielleicht änderst du die Richtung auch nach einer Weile und musst dich wieder neu erfinden. So wie es in deinem Privatleben auch ist.

KOMM IN DEINE KRAFT

Kennst du Menschen, die nichts erschüttern kann? Die immer und immer wieder aufstehen, ganz egal, was auch passiert?

Und auf der anderen Seite, kennst du Menschen, die bei der kleinsten Kleinigkeit schon am Boden zerstört sind? Fast alles kann sie aus dem Gleichgewicht bringen. Sie fühlen sich als Opfer, nicht verstanden, finden das Leben unfair und geben auf. Es ist kaum Lebenswille da.

Sie sind einfach nicht in ihrer Kraft.

Aufgeben ist einfach keine Option, da sie wissen, dass das Leben mit Herausforderungen kommt.

Gib niemals auf. Denn jedes Mal, wenn du für dich einstehst und dein Leben kämpfst, wirst du stärker. Du wächst über dich selbst hinaus.

Mit der Zeit hast du auch mit der Vergangenheit abgeschlossen.

Und es werden immer wieder neue Herausforderungen kommen. Das Leben wird nie langweilig sein.

Es kommt nur darauf an, wie du Herausforderungen angehst. Ob du glaubst, diese meistern und wachsen zu können, oder ob du glaubst, zu schwach dafür zu sein.

Wenn du glaubst, zu schwach dafür zu sein, hast du dich aufgegeben. Und das war dann deine alleinige Entscheidung. Denn niemand bestimmt über dein Leben, außer dir selbst.

Wenn du also glaubst, es nicht schaffen zu können, liegt es daran, dass du dir nicht genug Wert und Liebe einräumst. Würdest du das nämlich tun, dann würdest du für dich kämpfen. Immer und immer wieder.

Vor ein paar Wochen traf ich mich mit einem Freund auf einen Kaffee und wir unterhielten uns genau über dieses Thema. Wir beide kennen viele sensible und kreative Menschen. Und es scheint, dass viele die heutigen Zeiten sehr herausfordernd finden. Ich kenne Menschen, die dann jeden Tag gerade so überleben. Das Leben als sehr anstrengend und sinnlos empfinden. Er war der Meinung, dass nur die Starken überleben werden. Für mich klang das etwas hart, aber ich weiß, was er damit meint.

Und so fühlen sich auch viele, kurz bevor sie aufwachen und anfangen, zu leben. Jedoch ist dafür etwas Stärke notwendig. Der Lebenswille muss vorhanden sein.

All das lässt sich wunderbar auf deine Berufung, deine Leidenschaft übertragen. Denn hierbei wird dein Wille immer wieder getestet. Wie möchtest du dieses Leben spielen? Wie stark bist du? Wieviel Freiheit gibst du dir?

Bist du bereit, die Extrameile zu gehen?

Es geht darum, aufzublühen. Mit Leidenschaft und Humor durch das Leben zu schreiten.

DU ENTSCHEIDEST, WAS REAL IST UND WAS NICHT

Alle Träumer werden als Spinner abgestempelt, da sie ihre eigene Realität kreieren.

Viele von ihnen gestalten dann proaktiv ein Leben, das von außen betrachtet dann wie ein Wahnsinnsleben wirkt. Oft steckt sehr viel Arbeit und Hingabe dahinter.

Aber was mit Träumen, Arbeit und Hingabe erschaffen werden kann, ist für einen Vernunftmenschen surreal, für den Träumer ist es jedoch die eigene Realität.

> *Sie hielten mich für einen Surrealisten, aber das war ich nicht. Ich habe nie Träume gemalt. Ich habe meine eigene Realität gemalt.*
>
> Frida Kahlo

Du allein entscheidest, wie dein Leben auszusehen hat und was real und möglich ist. Wenn du in einer kleinen Box gefangen bist, kannst du ja auch nicht sehen, was außerhalb der Box geschieht. Genauso ist es mit unserer Realität und mit dem, was alles möglich ist.

Schau dir manche Künstler und Unternehmer an, was sie erschaffen haben und wie „realitätsfern" sie leben. Ein gutes Beispiel dafür ist Richard Branson, der ADHS hat, ein sehr erfolgreicher Unternehmer ist, seine eigene Insel besitzt und als Hippie betitelt wird. Er lebt nach dem Motto „Geht nicht, gibt's nicht".

Wir glauben oftmals, dass das Leben nach der Norm verlaufen muss, da wir sonst nicht dazugehören, was zum

Teil auch stimmt. Wir brauchen andere Menschen um uns herum, Gleichgesinnte, mit denen wir herumspielen können. Und wenn du dich auf deinen eigenen Weg begibst, dann ist es sehr gut möglich, dass manche Menschen deine Entscheidung nicht verstehen werden. Mit deiner Veränderung wirst du automatisch auch neue Menschen in dein Leben ziehen. Menschen, die auch wild träumen und etwas aus der Reihe tanzen.

Letzen Endes ist es egal, wie deine Realität aussieht, Hauptsache du bist glücklich und fühlst dich lebendig. Wenn sich deine aktuelle Realität langweilig und falsch anfühlt, dann ist es an der Zeit für eine Veränderung.

Traust du dich, die gesellschaftliche Norm hinter dir zu lassen?

Alle Menschen, die ich kenne, die ihrer Berufung nachgehen, mussten sich vorher für die innere Freiheit entscheiden. Weg von dem mentalen Gefängnis, hin zu Selbstbestimmung und Selbstachtung.

Denn Begrenzungen, die du wahrnimmst, sind nicht real. Du glaubst nur, dass sie echt sind, da die meisten danach leben.

Wenn du aber Menschen kennenlernst, die sich für ihre Berufung und ihre Leidenschaft entscheiden haben, wirst du schnell merken, dass sie viele Dinge ganz anders sehen als die Norm. Sie werden oft als verrückt bezeichnet, als Querdenker und Rebellen.

Sie haben sich aber einfach für Freiheit entschieden. Die Freiheit, sie selbst zu sein, ohne Wenn und Aber. Denn wenn du deine Leidenschaft nicht auslebst, dann unterdrückst du immer einen sehr wichtigen Teil von dir.

Den Teil, der dir sehr viel Antrieb, Hoffnung und Sinn in deinem Leben gibt.

Und genau diesen wichtigen Teil geben unheimlich viele Menschen auf, weil es einfach nicht die Norm ist oder sie nicht wissen, wie sie den Zugang dazu finden.

Dabei ist es gar nicht so schwer.

Bist du bereit, deine Vorstellung von Realität zu überdenken?

Was wäre, wenn alles unendlich wäre?

Was wäre, wenn alles nur von deiner Wahrnehmung abhängt?

Die Erde ist rund. Es ist deine Entscheidung, ob es für dich bergauf oder bergab geht.

Daniel Baumgärtel

Find it

UMGANG MIT DIESEM KAPITEL

Ich stelle in diesem Kapitel viele Fragen. Am besten nimmst du dir ein Notizbuch zur Hand und beantwortest ganz in Ruhe alle Fragen für dich.

Dadurch, dass du deine Gedanken und Ideen niederschreibst, aktivierst du deine Kreativität und vieles kann einfach so aus dir heraussprudeln.

Denn es sind viele verschiedene Fragen und für jeden funktioniert etwas anderes. Deshalb gibt es auch zwei verschiedene Ansätze, wie du deine Leidenschaft und Berufung finden kannst. Einmal arbeiten wir mehr auf Verstandesebene mit vielen Fragen, Zielen und Schreibaufgaben und dann gibt es noch den eher intuitiven Ansatz. Du allein entscheidest, was für dich besser funktioniert.

Begrenze dich nicht. Hier ist alles erlaubt, egal wie verrückt es auch zu sein scheint.

Spielerisch finden, wonach du suchst

Bei der Suche nach dem Warum, der Berufung und deiner Leidenschaft ist ein spielerischer Umgang sehr wichtig. Wir verlernen mit der Zeit das Spielen. Wir werden immer ernster und damit geht dann auch ein wenig Lebenslust verloren.

Wenn du dich mit deinem Warum und deiner Berufung auseinandersetzt, ist es sehr wichtig, wieder mehr zu spielen. Die ganze Sache schon ernst zu nehmen, aber wiederum auch nicht allzu ernst. Denn du willst ja Spaß dabei haben und es nicht todernst angehen.

Wenn du anfängst, es spielerisch zu sehen, dann wirst du auch wieder lebendiger. Und auch wenn es hier um Ziele und Pläne gehen wird, bitte ich dich darum, so viel Leichtigkeit wie nur möglich in den Prozess einzubringen. Du kommst spielerisch genauso ans Ziel, nur macht es so viel mehr Spaß. Warum also die ernste Variante wählen?

Ich stelle dir hier verschiedene Herangehensweisen vor, mit denen du dich deiner Leidenschaft und Berufung näherst. Es kann sein, dass du nur eine der Übungen brauchst oder auch alle. Das bleibt dir selbst überlassen.

Wichtig ist nur, dass du spielerisch an die Sache rangehst und dabei Spaß hast.

GENUG ANGEPASST

In unserer Gesellschaft geht größtenteils ums Anpassen. In der Schule wird nicht Individualität gefördert, sondern wie gut du dich anpassen kannst und dich unterordnest. Die Norm wird gefeiert und gelobt. Alles soll so bleiben, wie es ist und immer war. Schön vernünftig und langweilig.

Nein, geht nicht.
Passe dich an.
Mach langsam.
Mach mal sicher.
Ordne dich unter.
Verändere bloß nichts.

Leider ist Bestandhaltung das erste Zeichen des Frühtodes. Es fehlt uns ganz offensichtlich an Mut.

Es wird Kindern schon in gewissem Maße die Zukunftsperspektive geraubt, einfach weil sie nicht mehr an sich glauben. Wer glaubt hier schon wirklich an sich?

Es sind die Spinner, die groß träumen und Wünsche haben. Diejenigen, die aus der Reihe tanzen wollen und den Status Quo hinterfragen. Aber die Norm sicherlich nicht.

Wenn ich ganz ehrlich mit mir bin, dann sehe ich, dass fast jede Entscheidung, die ich aus reiner Vernunft getroffen habe, falsch war. Ich habe in dem Moment nicht auf mein Herz gehört.

Und schau dir doch mal die ganzen ultravernünftigen Menschen an. Wie lebendig kommen sie dir vor? Sprudeln sie nur so vor Leben? Leben sie leidenschaftlich gern?

Haben sie einen Beruf, der ihr Hobby ist, oder bringt der Beruf einfach nur die nötige Sicherheit mit sich?

Ich möchte dich jetzt nicht dazu anstiften, alle Vernunft über Bord zu werfen, aber ein kleines Stück weit schon. Du kannst auch unvernünftig sein, ohne jemandem zu schaden oder dein ganzes Geld zu verlieren.

Ich möchte, dass du mutiger wirst und siehst, dass manche Risiken gar nicht so riskant sind, sondern dass die Vernunft das größte Risiko für dich ist, denn sie lässt dich schleichend sterben.

Wenn du dich mit deinem Warum und deiner Berufung auseinandersetzt, dann beschäftigst du dich mit deiner Gabe. Und jeder Einzelne von uns hat eine Gabe. Wirklich jeder! Wenn du sie nicht wahrnehmen kannst, dann ist sie einfach nur in all der Vernunft untergegangen und möchte wieder hochgeholt werden.

Deine Gabe, deine Exzellenz möchte gefördert werden und nicht verkümmern. Das fördert ganz automatisch auch deine Glückseligkeit.

Was wolltest du, bevor dich die Gesellschaft geformt hat?

Welche Träume hattest du als Kind oder als Teenager?
Was wurde dir ausgeredet?
Wo warst du zu unvernünftig?

Es gibt keine vernünftigen Träume! Also komm mir bitte nicht mit etwas Vernünftigem.

Du kannst aus deiner wildesten Idee immer noch etwas machen, was letzten Endes halbwegs vernünftig ist, es aber nicht sein muss.

Hätte ich vor zehn Jahren jemandem erzählt, dass ich um die Welt reisen werde, darüber schreibe, eine Website mit dem Namen „Modern Hippie“ besitze und dann plötzlich zum Bücherschreiben komme und meine Gedanken teile, dann hätte mich derjenige für verrückt erklärt.

Ich mich übrigens auch. Obwohl ich es als Kind verstand, groß zu träumen. Aber Kindheitsträume werden recht schnell von Erwachsenen zerstört. Einfach nur weil sie das Träumen verlernt haben.

Damit geht nur auch jegliche Kreativität verloren. Man ist plötzlich in einer Box und außerhalb dieser Box sollte man nicht denken. Das kannst du aber. Auch als erwachsene Person.

Du kannst verspielt sein, träumen, dich kreativ ausleben und trotzdem vernünftig sein.

Für mich ist es unvernünftig, nicht seinem Herzen zu folgen. Denn all die Geschenke, die du in dir trägst, lebst du dann einfach nicht aus. Nur weil dir jemand mal gesagt hat, dass es nicht möglich ist. Es ist aber möglich. Also was wolltest du früher?

„*Kindern erzählt man eine Geschichte, damit sie einschlafen, Erwachsenen, damit sie aufwachen.*“

Rene Borbonus

WAS SAGEN ANDERE

Natürlich ist es immer gut, im Inneren nach Antworten zu suchen. Wenn die Selbstzweifel jedoch noch zu groß sind, können andere Menschen uns sehr behilflich sein.

Andere sehen oft, was wir nicht sehen. Oft machen wir uns kleiner, als wir es sind. Und genau dafür sind dann andere Menschen da. Sie sehen unsere Stärken und Schwächen, die wir selbst gar nicht so leicht wahrnehmen könnten.

Und bitte mache dich bei der Übung nicht klein! Ich bin felsenfest davon überzeugt, dass du Talente hast, die noch in dir schlummern und gesehen werden möchten.

Beantworte mal folgende Fragen:

Deine Freunde und Bekannte finden, dass du Folgendes gut kannst:

Wenn deine Freunde oder Bekannte Hilfe brauchen, wonach fragen sie dich dann?

Dir wurde schon mal gesagt, dass du … machen solltest.

Und nun reflektiere mal …

Wenn ich Folgendes mache, vergeht die Zeit wie im Flug:

Wenn ich Folgendes mache, fühle ich mich leicht:

Worin war ich schon immer richtig gut:

Was kommt ganz natürlich zu mir und braucht kaum Energieaufwand:

Was wolltest du schon immer in der Kindheit machen, hast es aber nie ausgelebt?

Welcher Traum wurde dir von anderen Menschen ausgeredet?

Wovon träumst du ganz heimlich?

Wenn ich Folgendes mache, fühle ich mich schwer:

(diese Sache sollte schnellstens aus deinem Leben verschwinden)

Und nun sag mir: wie sieht dein Traumleben aus?

Schreibe einfach mal wild darauf los!

Hier ist alles erlaubt. Deine wildesten Lebensvorstellungen. Egal, was hochkommt, schreibe es nieder.

Falls du Struktur brauchst, dann orientiere dich an diesen Punkten:

Wer bist du in Zukunft?

Was machst du?

Wie siehst du aus?

Wie fühlst du dich?

Wo lebst du?

Von wem bist du umgeben?

Was machst du beruflich?

Wieviel Geld verdienst du dabei?

Wie geht es dir gesundheitlich?

Was bist du bereit, dafür zu geben?

Wenn du wichtige Entscheidungen triffst, wirst du meistens Kompromisse eingehen müssen. Du musst dir im Klaren sein, was dir wichtig ist und was für dich Priorität hat. Alles haben zu wollen und allem gleichzeitig hinterherzujagen funktioniert nicht. Du gehst dann alles nur halbherzig an und machst nichts richtig.

Beispiele hierfür sind:

Ich möchte eine Familie gründen und bin bereit, dafür ein Stück meiner Unabhängigkeit abzugeben.

Ich möchte meinen Tagesablauf selbst bestimmen und gebe dafür mein Angestelltenverhältnis auf.

Ich möchte mehr reisen, brauche dafür Geld, gehe also weniger außerhalb essen und lebe minimalistischer.

Ich möchte Freiheit und nehme dafür die Ungewissheit in Kauf.

Strukturiert kann das so aussehen:

<u>Ich möchte …</u>

- mein eigenes Business aufbauen.
- gesundheitlich richtig fit sein.
- auswandern.

Ich muss dafür aufgeben …

- jeden Abend nach dem Job zu faulenzen.
- schlecht zu essen, viel herumzusitzen.
- regelmäßigen physischen Kontakt zur Familie und alten Freunden zu halten.

Durch dieses Verschriftlichen hast du Klarheit und weißt genau, wo dein Fokus liegen sollte. Du erkennst, worauf du verzichten musst, um schneller ans Ziel zu kommen. Du vermeidest auch eine Menge Frustration.

Denn mit deutlichen Prioritäten kommen mehr Klarheit und ein sicherer Fokus – und somit auch mehr Macht über dein Denken und Tun.

WOHIN WILLST DU?

Bei den meisten Menschen wird die Richtung von anderen vorgegeben. Von den Eltern, von dem Partner, von Freunden, von Lehrern, von Professoren, von den Medien. Alle sagen dir, was für dich gut wäre und was nicht.

Welcher Beruf dir Geld bringt und welcher nicht. Welchen Plan du dafür brauchst und wieviel Sicherheit dir diese Wahl schenkt.

Ich kann mich selbst auch noch sehr gut daran erinnern, wer meine Richtung vorgegeben hat und welche Menschen mich demotiviert haben. Zum Teil waren es so Kleinigkeiten wie eine Lehrerin, die mir gesagt hat, dass ich mit Design kein Geld verdienen kann. Und ich garantiere dir, dass jeder, der an etwas Kreativem interessiert ist, solche Aussagen schon zigmal gehört hat.

Als sicher galt eine kaufmännische Ausbildung, unabhängig davon, ob es mich interessierte oder nicht. Es war mit Sicherheit eine Entscheidung in Richtung Fremdbestimmung und Unzufriedenheit. Das wusste ich damals nicht. Woher auch? Es ist ja nicht die Norm, sich mit seinen Talenten und seiner Leidenschaft auseinanderzusetzen.

Die Norm sieht etwas anders aus.

Viele planen ihre Route weit im Voraus. Drei Jahre für den Bachelor, zwei Jahre für den Master, danach drei Jahre in dem Unternehmen XY, weil es toll im Lebenslauf aussieht. Ich habe schon viele solcher Menschen getroffen und alle hatten sie eine Sache gemeinsam: sie waren sehr unzufrieden und konnten nicht verstehen, dass mir mein Lebenslauf egal ist.

Sie sehen sich unbewusst als Wirtschaftsgut mit einem gewissen Wert im System. Und anhand des Lebenslaufs kann man entnehmen, wie gut sich jemand anpasst und der Norm folgt.

Was bringt dir dein Plan mit all den Abschlüssen und den namenhaften Konzernen, wenn du nicht weißt, wohin du willst. Was ist dein Ziel? Wofür tust du es?

Es ist genauso, als ob du eines Morgens aufwachst und sagst: „Ich fahre in den Urlaub."

Und dann fragt dich jemand: „Wohin?" Du antwortest: „In den Urlaub."

Und dann fragt dich die Person, wie du dahin kommst, und du sagst: „Mit dem Auto über die A2."

„Aber wohin willst du?"

Sowas sieht man immer wieder – auch in vielen Unternehmen.

Warum existieren die meisten Unternehmen? Weil sie Wachstum wollen.

Super, aber wozu? Weil es ein Unternehmen ist und immer wachsen muss?

Also wird die ganze Zeit überlegt, wie das Unternehmen wachsen kann, aber nicht warum und wohin.

Wäre es nicht besser, zu sagen: „Ich will nach Berlin. Ich weiß noch nicht genau, wie ich dahin komme, habe aber die Option zu fliegen, den Bus zu nehmen, das Auto oder den Zug.".

Es ist egal, welche Option du wählst, solange du dein Ziel kennst und dich in die Richtung bewegst.

WAS MOTIVIERT DICH?

Bevor wir weitergehen, ist es wichtig zu wissen, was deine treibende Kraft ist. Was in dir möchte die Veränderung und treibt dich an?

Beantworte mal folgende Fragen für dich:
Was treibt dich an?
Was motiviert dich?
Was ist es in dir, das diese Veränderung möchte?
Und warum?

Als ich mich vor Jahren dazu entschied, mein Leben zu verändern, war Australien meine größte Motivation. Ich wollte unbedingt viel Zeit in Australien verbringen können, ohne für jemanden arbeiten zu müssen. Denn damals hielt ich mich in Australien mit Promotion-Jobs, Putzen, Kochen und als Küchenkraft über Wasser. Ich hatte ehrlich gesagt kein schlechtes Leben, doch wollte ich etwas machen, das mich erfüllte. Täglich Sonnenschein und das Meer zu sehen reichte mir dann doch nicht aus. Ich überlegte, mich selbstständig zu machen. Doch alle Ideen, die mir kamen, waren mit einem festen Wohnsitz verbunden. Und fest in Australien zu bleiben war keine Option und ging auch nicht.

Ich stellte mir also eines Tages vor, wie ich in einem Café sitze und an meinem Laptop arbeite. Es fühlte sich gut an und schien die perfekte Lösung zu sein. Ich manifestierte dies unbewusst zu diesem Zeitpunkt und ungefähr zwei Jahre später war dies meine Realität.

Was trieb mich aber damals an?

Ich hatte damals einen starken Drang nach Freiheit. Ich wollte mich um keinen Preis der Gesellschaft anpassen und den Status quo leben.

Um genauer zu sein, war die Ortsunabhängigkeit damals der wichtigste Punkt für mich. Ich wusste, dass ich damit andere Entscheidungen treffen könnte, nach meinem eigenen Rhythmus leben und auch Arbeiten nachgehen könnte, die mich erfüllen.

Ich musste nicht mehr früh aufstehen, schnell essen und dann für neun oder mehr Stunden arbeiten gehen.

Ich hatte die Möglichkeit, auszuschlafen, danach ruhig und langsam in den Tag zu kommen, so wie ich es mir wünsche, und danach erst mein Notebook aufzuklappen.

Eine Weile später trieb mich ein anderes Gefühl an. Ich lernte den Flowzustand kennen, in dem alles ganz natürlich und fließend passiert. Ich spürte meistens nur Liebe, Glück und Leichtigkeit. Dieser Zustand wurde dann zu meiner höchsten Priorität.

Es war dann nicht mehr das Berufliche, der Ort oder Geld. Es war das Gefühl, das ich kennenlernen durfte und gerne so oft wie nur möglich in mir begrüßen wollte.

Damit lernte ich, was dieses Gefühl in mir begünstigte und was es weiter von mir entfernte. Gesunde Routinen wurden plötzlich sehr wichtig und die richtigen Ziele und Visionen.

Ich lernte, dass mit jedem Entwicklungsschritt eine andere Angst darauf wartet verabschiedet zu werden. Vielleicht nicht komplett verabschiedet, aber ein liebevolles „Hey, ich sehe, dass du da bist, und ich tue es trotzdem".

Jeden treibt etwas anderes an. Jeder hat andere Wünsche, Träume, Hoffnungen und auch Ängste. Was ist es bei dir? Was treibt dich an? Was möchtest du von diesem Leben? Wie möchtest du dich fühlen? Wo siehst du dich?

Dein Warum

Dein Warum ist nicht unbedingt deine Berufung oder dein Business. Dein Warum ist einfach dein persönlicher Antrieb. Und jeder hat einen anderen Antrieb.

Dein Warum (warum willst du, was du willst) ist in diesen Zeiten das Wichtigste. Es hält dich über Wasser, wenn es mal drunter und drüber geht. Dein Warum steht nämlich über deinen Problemen und Herausforderungen. Darin findest du immer wieder die Energie, weiterzumachen.

Bsp.: wenn ich aufgeben wollte, kamen immer Nachrichten von Lesern, dass sich ihr Leben durch meine Worte verändert hat. Das war und ist mein Warum, mein Antrieb, meine Motivation. Deswegen mache ich, was ich mache.

Es ist so wichtig, dein Warum zu kennen und wirklich an das zu glauben, was du tust. Denn wenn du hart für etwas arbeitest, an das du nicht glaubst, entsteht STRESS.

Und wenn du hart für etwas arbeitest, an das du glaubst, entsteht PASSION.

Stelle dir folgende Fragen:

1. Wenn du dein Business startest, wird jemand dadurch positiv beeinträchtigt und wie?
   Bsp.: du, deine Familie, deine Partnerschaft, dein Lifestyle, deine Gesundheit, Burnout, Zeit, Arbeitszeiten

2. Wenn du es nicht machst: wer wird dadurch negativ beeinträchtigt und wie?
   Bsp.: weniger Zeit, weniger Selbstvertrauen, mehr Stress, keine freie Zeiteinteilung

TRÄUME UND ZIELE SIND WICHTIG

Vor einigen Jahren war ich auf einem Tony Robbins-Seminar in Singapur. Dort setzte ich mich zum ersten Mal mit meinen Träumen und Zielen auseinander. Und genau dasselbe möchte ich für dich. Ich möchte, dass du dir im Klaren darüber bist, wie du leben möchtest und wie du dich dabei fühlst.

Der Prozess ist ganz einfach: träume zwei Stunden lang so groß wie nur möglich, ganz ohne Grenzen, so verrückt, wie du möchtest.

Schreibe alles nieder, was in dir hochkommt. Alles, was du gerne hättest, was du gerne machen und erleben willst und auch wer du sein möchtest in diesem Leben.

Dieses Leben ist kurz und wertvoll, deshalb ist diese Aufgabe auch sehr wichtig. Denn es wäre eine Schande, dein Leben zu verschwenden. Es ist an der Zeit, groß zu träumen und dir einzugestehen, dass du es wert bist.

Am Anfang kann es schwer sein. Vielleicht brauchst du 30 Minuten, bis dir die ersten Träume und Ziele kommen. Aber mit der Zeit kommt der Flow auch für dich und deine Liste mit Träumen und Zielen entsteht und wächst.

Nun unterteile alles, was du aufgeschrieben hast in Ziele. Ziele, die du in einem Monat, einem Jahr, fünf Jahren und zehn Jahren erreicht haben willst. Und ab dann trage diese Liste bei dir und schaue jeden Tag einmal darauf.

Du wirst dich wundern, wie vieles fast magisch einfach so geschehen wird. Du wirst auf die Liste schauen und einfach nur staunen.

Mir ist das vor ein paar Monaten passiert, als ich bei meinen Eltern war und in alten Unterlagen etwas gesucht habe. Dort fand ich einen Zettel, der mich in Staunen versetzte. Denn da standen ein paar Ziele mit Zahlen darauf und exakt das habe ich auch bekommen. Wirklich exakt! Wieviel ich mit meinem ersten Buch „Freiheit beginnt im Kopf" verdient habe, wie ich in Australien am Strand gelebt habe, einen Partner, der genauso lebt wie ich, wie ich mit dem Roller durch Balis Reisfelder fuhr, kreatives Arbeiten. Alles hat sich erfüllt.

Ich weiß, dass es sehr einfach klingt, das ist es aber auch. Wenn du dich mal leblos fühlen solltest, dann stehen die Chancen sehr hoch, dass du deine Träume aufgegeben hast.

Nimm dir dann etwas Zeit und fange wieder an zu träumen und setze dir zeitliche Deadlines für deine Ziele. Schaue so oft wie möglich auf deine Liste.

Zu träumen und sich Ziele zu setzen ist eine der einfachsten und mächtigsten Methoden, dein Leben radikal zu verändern. Selbst wenn du heute noch nicht weißt, wie du all das erreichen wirst. Das musst du heute auch noch nicht wissen. Das kommt von ganz allein.

Das ist ein Privileg, das wir Menschen haben.

Starte noch heute mit deiner Vision! Träume und halte dich nicht klein.

BERUFUNG BEGINNT OFT MIT DEINEM PAIN POINT

Hier geht es jetzt nicht um irgendeine coole Business-Idee oder so. Es geht um sehr persönliche Themen. Es geht um den Antrieb, den du hast, der ganz tief in dir drinnen schlummert. Ein Antrieb, der Berge versetzen kann.

Helfen zu wollen geschieht meistens aus dem eigenen Schmerz heraus. Es ist der eigene Pain Point, der für Leidenschaft und Ausdauer sorgt.

Hast du diesen aber hinter dir gelassen, wird das Leben spielerischer. Kreativer. Einfacher. Du merkst, dass eigentlich alles perfekt ist, wie es ist. Es gibt nichts zu verändern.

Nur zu lernen.

Ich sehe es bei so vielen Menschen, die Großartiges vollbringen. Sie haben ihre Berufung gefunden, einfach aus ihrem Schmerz heraus.

Tony Robbins ist ein sehr gutes Beispiel dafür. Er ist emotional und spirituell angetrieben. Seine Mutter hatte immer wieder wechselnde Partner und kein Geld.

Als Kind hat er sogar Lebensmittel im Supermarkt gestohlen.

Er wuchs in schlechten Verhältnissen auf und hat schon als Jugendlicher entschieden, dass sein Leben anders aussehen würde. Der Schmerz trieb ihn an und tut es auch noch heute.

Er sorgte dafür, dass er selbst genug Geld verdient, um seine Familie versorgen zu können, und zusätzlich nährt er vier Millionen Menschen in 56 Ländern jedes Jahr.

Ein guter Freund von mir hat früher in einem Imbiss in Paris gearbeitet und traf dort eine Frau, die ihn sehr beeindruckte. Sie wurden ein Paar und reisten gemeinsam in ihre Heimat, nach Kalifornien. Sie war sehr hohe Lebensstandards gewöhnt und nahm ihre spirituelle Praxis sehr ernst. Er konnte zu diesem Zeitpunkt nicht mithalten, was wehtat. Die Beziehung zerbrach nach ein paar Monaten und er entschied ganz bewusst, dass sowas nie wieder geschehen würde.

Sein Antrieb war es, seinen inneren Mangel aufzulösen und sich spirituell weiterzuentwickeln. Heute ist er der bekannteste Yogalehrer Frankreichs, Speaker, Autor und eröffnet bald sein eigenes Retreat Center. Und all das mit gerade mal 26 Jahren.

Ich meine hier nicht, dass es unbedingt gut sein muss, vom Schmerz angetrieben zu werden. Falsch ist es aber auch nicht, wenn man aus dem Schmerz heraus wächst und dadurch etwas erschaffen hat, was anderen hilft.

Bei mir war es der Fall, dass ich mich so fremdbestimmt fühlte, dass es auf mich wirkte wie ein Gefängnis. Das war mein Schmerz und ich bemerkte schnell, dass sich vieles verändert, wenn man anfängt, an sich zu arbeiten. Und genau das wollte ich dann weitergeben. Es war für mich faszinierend, wie einfach es doch war, aber so wenige nur davon wissen.

Was hast du erlebt und überwunden?

Was hast du dabei gelernt, was du anderen weitergeben kannst und möchtest?

Erfüllung kommt durch Dienen

Über deinen eigenen Wünschen sollte deine Vision stehen.

Wie kannst du anderen dienen und behilflich sein?

Was kannst du geben?

Es gibt so viele Menschen, die einfach nur reich werden wollen. Sie wollen die Summe XY auf ihrem Konto haben und dann sind sie glücklich. Komischerweise hält dieser Zustand nur sehr kurz an. Denn Geld allein macht nicht glücklich. Es kommt darauf an, wie du es nutzt und wie du dein Geld verdienst.

Denke immer erst ans Geben und nicht ans Nehmen. Denn sobald du etwas gibst, was von Herzen kommt, kriegst du automatisch ganz viel wieder zurück.

The secret of living is giving.

Verlagere deinen Fokus aufs Dienen

Sobald du anderen dienst, machst du es nicht mehr aus rein egoistischen Gründen. Selbstliebe ist super, Egoismus aber nicht. Du erschaffst etwas, das deinen Mitmenschen hilft und sie weiterbringt. Und dabei gibt es keine Grenzen. Du kannst deiner Kreativität freien Lauf lassen, dich ausleben, das tun, was du eh gern tun würdest. Und davon profitieren dann auch Andere und nicht nur du selbst.

Wenn du größer denkst als nur an dich selbst, verschwinden sehr viele Hindernisse, die durch Angst hervorgerufen werden. Dein Bedürfnis, anderen zu helfen, ist dann so groß, dass deine kleinen Probleme irrelevant werden. Du kannst das größere Bild sehen und weißt, dass du absolut keine Angst vor diesem Schritt haben musst.

Du wirst spüren, was du zu tun hast. Es ist deine Aufgabe, dein Geschenk weiterzugeben und es auch auszuleben.

Und letzten Endes wird das WIE keine Rolle spielen, wenn du weißt, WAS du tun oder bewirken willst. Denn das Warum wird immer einen stärkeren Effekt haben als jede gut durchdachte Strategie.

DEINE ZIELE

Bei Zielen wirst du konkret. Es geht dann nicht mehr ums Träumen. Es geht darum, ins Tun zu kommen.

Bei dieser Schreibübung sei so grenzenlos und kreativ wie möglich. Praktisch und vernünftig kannst du auch noch später werden.

Wenn dir deine Ziele keine Angst machen, dann denke noch etwas größer und horche etwas tiefer in dich hinein.

Deine Ziele

1. Wer würdest du gerne sein, wenn du etwas ändern würdest?
2. Welche Erfahrungen würdest du gerne machen?
3. Welche Fähigkeiten hättest du gerne oder was würdest du gerne lernen?
4. Was willst du mental, gesundheitlich und spirituell erreichen?

Spinne einfach etwas herum und schreibe nieder, was in dir hochkommt.

Wie siehst du aus?
Wie fühlst du dich dabei?
Treibst du Sport?
Wo wohnst du?
Wer sind deine Freunde?
Was hast du erreicht?
Was gibst du der Welt?

Nun mache dir eine Timeline von einem Jahr, fünf Jahren und zehn Jahren.

Wer bist du in einem Jahr?
Was machst du?
Was hast du?
Wo siehst du dich?
Was hast du erreicht?
Wie fühlst du dich?

Wer bist du in fünf Jahren?
Was machst du?
Was hast du?
Wo siehst du dich?
Was hast du erreicht?
Wie fühlst du dich?

Wer bist du in zehn Jahren?
Was machst du?
Was hast du?
Wo siehst du dich?
Was hast du erreicht?
Wie fühlst du dich?

Nun liste deine Top drei Ziele im Bereich Persönlichkeitsentwicklung und Spiritualität auf und schreibe dein Warum dahinter:

Ziel: Warum:

Nun liste deine Top drei Ziele im Bereich Finanzen und Materielles auf und schreibe dein Warum dahinter:

Ziel: Warum:

Und von all den Dingen, die du inzwischen auf deiner Liste hast, suche dir drei Ziele aus, die du innerhalb der nächsten 12 Monate erreichst.

Was kannst du innerhalb der nächsten 24 Stunden tun, um deinen Zielen ein Stückchen näher zu kommen? Es ist sehr wichtig, sofort ins Tun zu kommen.

Stelle dir zum Schluss noch die Frage, was passiert, wenn du es nicht tust?
Was bedeutet es für dich?
Was bedeutet es für deine Familie?
Was bedeutet es für deinen Partner?
Was bedeutet es für deine Gesundheit?

Wie geht es dir dabei, wenn du nicht den Dingen nachgehst, die sich dein Herz wünscht?

Wenn du dir Ziele setzt, überleg dir immer, warum du das erreichen oder haben willst. Denn deine Ziele zu erreichen, ohne dich dabei erfüllt und glücklich zu fühlen, ist Versagen.

Du arbeitest hart auf etwas hin, erreichst es und spürst aber nicht, was du glaubtest, spüren zu würden. Also denke immer an dein Warum. Auch bei jeder Schreibübung hier.

ERSTELLE EINEN PLAN

Schreibe dir auf, welche Schritte benötigt werden, um dein Vorhaben umzusetzen. Schreibe erstmal querbeet alles auf, was dir so einfällt.

Von einer eventuellen Gewerbeanmeldung, über Bildung wie Online-Kurse, Seminare oder Lehrgänge.

Nachdem du alles aufgeschrieben hast, mach dich an die Reihenfolge.

Schreib dir Mini-Schritte auf, sodass du diese auch wirklich kontinuierlich umsetzen kannst.

Beispiele für deinen Plan könnten sein:

- Finanzen checken
- Sparplan
- Investitionsplan
- Marketing
- Logistik
- Hilfe von anderen
- Zeiteinteilung

Kontinuität

Wenn du deinen Plan erstellt hast, dann sorge dafür, dass du diesen auch umsetzen kannst. Wenn du merken solltest, dass du nicht hinterherkommst mit deinen Schritten, dann schalte einen Gang zurück. Es ist viel wichtiger, dass du kontinuierlich dabei bleibst.

Setze dir also zeitliche Limits, die aber realistisch sind.

Sobald du dein Zeitlimit hast, lege los und bleibe dabei. Feiere dich zwischendurch immer wieder, denn Belohnungen sind sehr wichtig.

Lass dich niemals von Rückschlägen entmutigen. Behalte deine Vision immer im Auge und im Herz.

Kreativität kommt mit Struktur

Eine sehr gute Freundin von mir hat früher als Architektin gearbeitet. Mit ihr habe ich mich öfters über Kreativität unterhalten. Ich gehe gerne im kreativen Chaos auf und sie mag Struktur. Sie erklärte mir, dass Kreativität auch Struktur benötigt, was vollkommen richtig ist. Du brauchst ja Anhaltspunkte, an denen du dich orientieren kannst.

So mache ich es mit Texten normalerweise auch, ohne es bewusst zu wissen. Wenn ich nur im Kreativchaos bin, kann dabei nichts Handfestes entstehen. Es ist dann schwammig, oftmals nicht greifbar. Ich weiß dann selbst nicht, was es ist.

Genauso finde ich es wichtig, auf der Suche nach deiner Berufung etwas Struktur zu haben. Auch Ideen von außen, die dir aufzeigen können, was alles möglich ist. Denn oft laufen wir mit Scheuklappen durch die Gegend und sehen gar nicht, welche Optionen wir haben.

Deshalb finde ich es als Allererstes wichtig, dir Gedanken zu machen, ob du angestellt sein möchtest oder selbstständig. Möchtest du einen festen Wohnsitz haben oder reisen?

Beides, die Selbstständigkeit und das Angestelltenverhältnis, kann die Option von örtlicher Unabhängigkeit mit sich bringen.

Du kannst angestellt sein, dein eigenes Unternehmen gründen, als Freiberufler arbeiten.

1. Entscheide als Erstes, ob du angestellt oder selbstständig sein möchtest.
2. Danach wähle dein Arbeitsgebiet aus.
   Hier gibt es fast unbegrenzt viele Möglichkeiten.
3. Und dann schau, welche Optionen du hast.
4. Musst du dich dafür noch weiterbilden?

DEIN IKIGAI

Ikigai (jap. Lebenssinn) bedeutet frei übersetzt „das, wofür es sich zu leben lohnt". Oder einfach ausgedrückt: „das Gefühl, etwas zu haben, für das es sich lohnt, morgens aufzustehen".Dies kann als deine Berufung, dein Warum, deine Mission, deine Vision oder deine Leidenschaft gesehen werden.

Beim Ikigai geht es darum, Freude, Erfüllung und Balance in deine tägliche Routine zu integrieren.

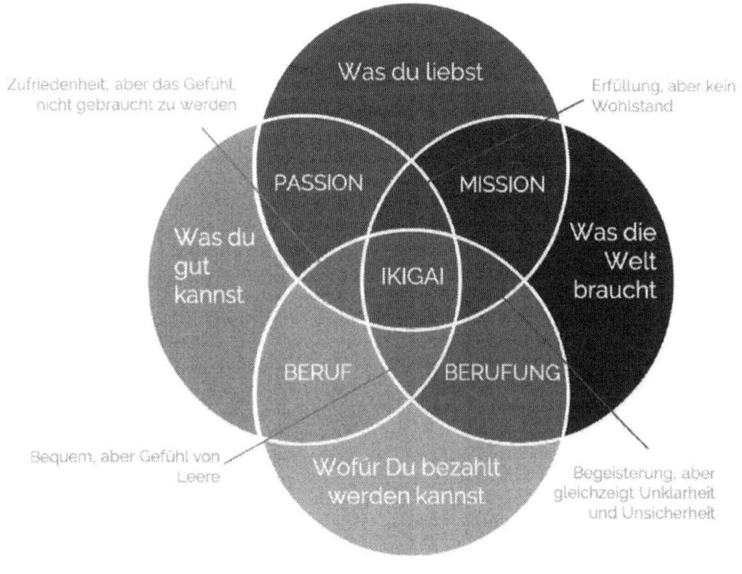

Zuerst aber: wie willst du leben und wie nicht?

Ich habe mir mal eine Liste gemacht mit all den Punkten, die mir wichtig sind:

nur vier Tage die Woche arbeiten

nicht mehr als 6 Stunden am Tag

jeden Tag ausschlafen

viel Zeit für mich selbst
ortsunabhängig arbeiten können
kreativ ausleben und Anderen dabei helfen
völlig frei in dem, was ich wann und wie mache

Das mag im ersten Moment unrealistisch klingen. Ist es aber nicht. Wir begrenzen uns selbst oder entscheiden uns dazu, uns zu ermächtigen. Und es hat rein gar nichts mit Glück zu tun oder damit, wie privilegiert manch einer ist.

Das Ikigai kann dir dabei helfen, herauszufinden, wer du bist.

Das Konzept umfasst vier Aspekte:

- Was du liebst
- Was du gut kannst
- Was die Welt braucht
- Wofür du bezahlt werden kannst

Die Schnittmengen dieser vier Aspekte bilden dann dein Ikigai. Wenn einer der Bereiche nicht integriert wird, entsteht ein Mangel.

- Zufriedenheit mit dem Gefühl, nicht gebraucht oder gesehen zu werden
- Erfüllung, aber finanzieller Mangel
- Alles ganz in Ordnung, aber ein Gefühl von Leere
- Begeisterung, aber gleichzeitig ist noch ein Gefühl von Unsicherheit oder Unklarheit da

Aufgabe:

Erstelle dein eigenes IKIGAI mit Hilfe der Abbildung und schaue, was die Schnittmengen ergeben.

DEIN PERSÖNLICHKEITSTYP

Hier geht es nun weiter mit deinem Persönlichkeitstyp, damit du dich noch ein Stück weit besser kennenlernen kannst und somit auch besser einschätzen kannst, was für dich richtig ist und was nicht.

Was du liebst und auch gut darin bist **LEIDENSCHAFT**	Was du nicht liebst, aber gut darin bist **BEZAHLT DEINE RECHNUNGEN**
Was du liebst, aber nicht gut darin bist **POTENZIAL**	Was du nicht liebst und auch nicht gut darin bist **TÄGLICHE AUFGABEN**

1. Was du nicht liebst, aber worin du gut bist (Bezahlt deine Rechnungen)
2. Was du nicht liebst und worin du auch nicht gut bist (Deine täglichen Aufgaben)

3. Was du liebst und worin du auch gut bist (Deine Leidenschaft)
4. Was du liebst, aber worin du nicht gut bist (Dein Potenzial)

Die meisten Menschen verbringen ihre Zeit mit 1 und 2, anstatt 3 und 4.

Wir sollten aber 3 und 4 wesentlich mehr Priorität und Energie schenken.

Wir glauben 1 und 2 tun zu müssen, 3 und 4 würden wir aber gerne tun.

Wir sind aber nicht nur hier, um aufzustehen, zu arbeiten, Rechnungen zu bezahlen und zu sterben.

Deine Fähigkeiten und Interessen

Etwas einfacher dargestellt ist das Fähigkeiten- und Interessen-Modell.

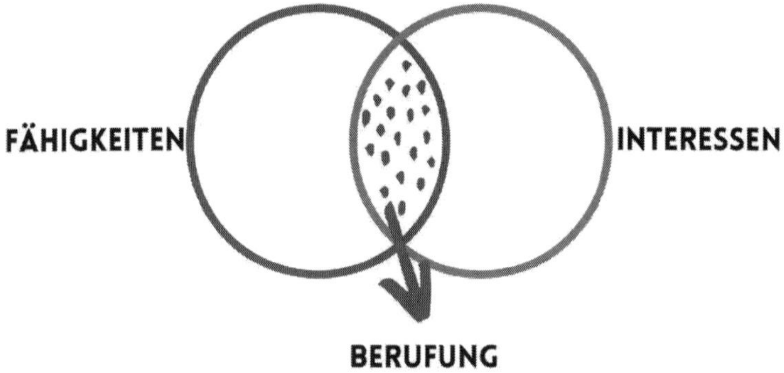

Dabei setzt du dich mit deinen Fähigkeiten und Interessen auseinander.

Beispiele für deine Fähigkeiten könnten z. B. sein:

- analytisches Denken
- Schreiben
- Kreativität
- Organisation
- Einfühlungsvermögen
- Selbstständigkeit

Bespiele für Interessen:

- Reisen
- Spiritualität
- Philosophie
- Tiere
- Malen
- Fotografie

Wenn du nur nach deinen Interessen gehst, aber keine Fähigkeiten in dem Bereich hast, dann ist es eher ein Hobby. Ich mag Ballett total gern, schaue es mir gerne an, habe aber keine Fähigkeiten darin.

Wenn du aber wiederum Fähigkeiten hast, aber nicht daran interessiert bist, dann ist es höchstwahrscheinlich dein Job. So leben jedenfalls die meisten. Denn nur dreizehn Prozent der Menschen sind glücklich mit ihrer Arbeit.

Erst wenn du realisierst, dass es schmerzhaft ist, deiner Berufung nicht nachzugehen, öffnest du dich für dein Potenzial.

Wenn z. B. ein Stuhl unbequem ist, dann besorge ich mir einen anderen und bleibe nicht ewig lang darauf sitzen. Und genauso sehe ich es mit einem Job.

Der Prozess deiner Berufung läuft normalerweise folgendermaßen ab:

- Interessen sind das Kind oder Baby
- deine Leidenschaft ist der Teenager
- und deine Berufung ist der Erwachsene

Es ist ein Reifungsprozess, der einfach ein wenig Zeit baucht.

DEINE KOMPETENZEN

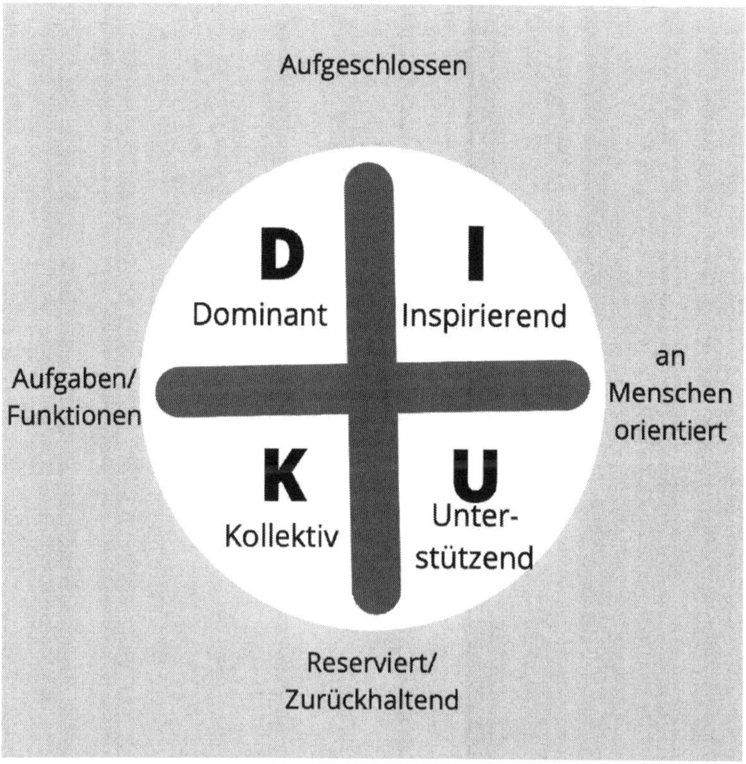

Bei deiner Wahl ist es wichtig, deinen Persönlichkeitstyp zu berücksichtigen. Du wirst nicht glücklich werden, wenn du gegen deine Persönlichkeit arbeitest. Du musst das richtige Arbeitsumfeld für dich kreieren.

D = motiviert, gut in der Kontrolle und darin, das Publikum zu lenken, Anweisungen zu geben, Termine einzuhalten, wichtige Entscheidungen zu treffen

Beispiele: Projektmanager, Berater, Banker, Manger

Aufgabe: dafür sorgen, dass Dinge erledigt werden

I = neue Ideen, Influencer, inspiriert, unterhält, Impact, kreiert Visionen

Beispiele: Jobs im Bereich Medien, News, TV, Magazine

Aufgabe: dafür sorgen, dass Menschen das mögen, was sie kriegen, und sie unterhalten

U = unterstützend, stabil, Teams arbeiten lassen, sicherstellen, dass Teams effektiv zusammenarbeiten, Teamarbeit im Allgemeinen

Beispiele: Psychologen, Coaches, Leute, die ein Team zum Funktionieren bringen

Aufgabe: sicherstellen, dass das Team funktioniert

K = ruhig, vorsichtig, Fehler erkennen, Details, Fokus auf Qualität

Beispiele: Produzenten, Qualitätskontolleure, Tester für neue Produkte, Programmierer, Analysten

Aufgabe: darauf fokussiert, dass Qualität abgeliefert wird

Welcher Typ bist du?

D, I, U oder K?

Welches ist dein natürliches Arbeitsgebiet?

Wenn du nicht in deiner Stärke in deinem Gebiet bist, dann erfährst du das Gefühl von Stress, da es dir einfach nicht liegt.

Ich habe für mich auch ein Businessmodell gewählt, das zu meiner Persönlichkeit passt.

Worin bist du …

Gut	Durchschnittlich	Schlecht
100 %	0 %	0 %
80 %	10 %	10 %
60 %	20 %	20 %

Wie sieht deine Aufteilung aus? Machst du größtenteils das, was du wirklich kannst und liebst, oder verschwendest du deine Zeit mit Dingen, die dir nicht liegen?

Erfolgreiche Menschen maximieren das, worin sie wirklich gut sind, und geben den Rest ab. Es ist wichtig, dass du anfängst, das zu maximieren, was du wirklich kannst. Sonst wird deine Arbeit frustrierend und kostet dich unnötig viel Energie.

FÜNF SCHRITTE, UM DAS RICHTIGE BUSINESS ZU WÄHLEN

Falls du dich dazu entscheiden solltest, dein eigenes Business zu starten, dann gibt es ein paar einfache Punkte, wie du das richtige Business für dich wählst oder dich deiner Business-Idee näherst.

1. Folge deiner Leidenschaft

Du musst es lieben, sonst wirst du es nicht gerne verkaufen. Ich könnte z. B. niemals etwas verkaufen, was ich nicht selbst kaufen würde. Natürlich ist da jeder anders, es wird aber definitiv einfacher für dich sein, ein Business zu haben, das zu liebst, wo du mit Leidenschaft dahinterstehst.

Wenn du es liebst, wird es sich nur selten nach Arbeit anfühlen. Du hast mehr Energie, stehst morgens gerne auf und gehst mit Optimismus an die Sache heran.

Das führt normalerweise auch automatisch dazu, dass du deine Dienstleistung/dein Produkt besser und lieber verkaufst.

Wenn schwere Zeiten kommen, wirst du durchhalten. Einfach nur weil du es liebst und nicht nur Sicherheit und Geld deine Motivationen sind.

Dein Warum muss dabei immer stark sein (gute Bildung für deine Kinder, Freiheit, mehr Zeit, weniger Stress, …)

Fragen:

1. Über welche Dinge sprichst du gerne?

2. Wenn dich Freunde um Hilfe oder Rat bitten, was wollen sie dann?
3. Welchen Service würdest du jederzeit auch umsonst machen?

2. Sei authentisch und ehrlich mit dir selbst

Was will dein Herz? Wonach schreit es?

Gibt es Bedarf für deine Idee auf dem Markt?

Wächst der Markt oder wird er immer kleiner?

Du kannst verschiedene Resultate haben, da die meisten Menschen verschiedene Interessen haben. Es ist aber wichtig, ein Ergebnis zu wählen und damit anzufangen. Später kannst du dich breitgefächert aufstellen und auch mehr als nur ein Business haben.

3. Markt-Recherche

Gibt es dein Produkt oder deine Dienstleistung schon? Falls ja, wie hebst du dich von denen ab? Kannst du es besser oder es verbessern?

Gibt es dein Produkt noch nicht? Besteht überhaupt die Nachfrage?

Was funktioniert in deiner Nische und was macht die „Konkurrenz" richtig?

Erstelle eine Marktanalyse anhand von Umfragen, Testgruppen, Marktstatistiken und Verkaufstrends.

4. Lifestyle

Dein Business wird dein Lifestyle sein und schnell zu deinem Baby werden (wenn du keine Kinder hast). Zu Beginn ist es ein 24/7-Commitment. Also wähle weise.

Welchen Lifestyle hättest du gerne? Passe dein Business einfach daran an.

Magst du physische Produkte? Dann verkaufe keine Online-Kurse.

Sitzt du gerne am Computer? Dann eröffne keine Boutique.

Willst du ortsunabhängig sein? Dann starte ein Online-Business.

Wann willst du anfangen, zu arbeiten, und wann hörst du auf?

Wie sieht dein Tag aus? Wie viele Stunden arbeitest du? Was machst du in der restlichen Zeit?

5. Wie risikoaffin bist du?

Sagen wir, du hast eine grandiose neue Business-Idee, die durch die Decke gehen könnte, dann musst du dir auch im Klaren sein, dass es mit Risiken einhergeht.

Wieviel Risiko ist für dich okay?

Gering im Risiko sind z. B. Franchise-Unternehmen. Du weißt, dass es funktioniert, bekommst Vorgaben, wie der Hase läuft, und hältst dich daran.

Wenn du etwas komplett Neues startest, weißt du nicht, ob es funktionieren wird. Du kannst das Risiko recht gering halten, aber du kannst es nicht komplett ausschließen.

Natürlich ist es aufregender, deine eigene Idee auf den Markt zu bringen, anstatt einer alten Idee zu folgen. Du kannst mehr Spaß haben und weitaus mehr verdienen.

Es ist wie bei allen Dingen: wer etwas riskiert, kann hoch fliegen oder abstürzen. Wer aber nichts riskiert, wird niemals fliegen.

Ich will dich hier nicht zu mehr Risiko überreden, da jeder auch anders mit Risiko umgeht. Für den einen ist es vollkommen okay, etwas Riskantes zu machen, für den anderen eben nicht.

Ein bisschen Risiko kann aber keinem schaden – außer das Risiko geht mit großen Verlusten einher. Es kann lebendig machen und lässt dich über den Tellerrad schauen.

Bei all den Schritten musst du für dich selbst schauen, was für dich passt und was eben nicht. Es ist dein Leben und dein Business, deshalb solltest auch allein du darüber entscheiden.

Schneller und wahrscheinlicher kommst du an dein Ziel, wenn du einen Coach oder Mentor hast, der deinen Fortschritt kontrolliert, und eine Community mit Gleichgesinnten.

DIE QUAL DER WAHL

Wir leben in einer Welt voller Möglichkeiten. Du kannst alles Mögliche studieren, verschiedene Ausbildungen machen und wenn es dir nicht reicht, dich selbstständig machen und dir deinen Traumjob kreieren.

Du kannst sein, wer du willst.
Du kannst machen, was du willst.
Wenn du deine Begrenzungen im Kopf losgelassen hast und dich auf das Spiel des Lebens eingelassen hast.

Natürlich macht es Sinn, das zu machen, was dir liegt und was dein Herz erfüllt. Denn das kommt einfach zu dir und verlässt dich nicht so einfach.

Hast du zu viele Interessen?

Du kannst dich nicht für eine Sache entscheiden? Dafür gibt es eine einfache Lösung.

Schreibe all die Dinge auf, die dir in den Sinn kommen. Alle Ideen, die dich aufblühen lassen und Leidenschaft in dir hervorrufen.

1. Mit welcher dieser Ideen könntest du anderen am meisten helfen?
2. In welchem Bereich bildest du dich gerne weiter?
3. Mit welcher Idee könntest du Geld verdienen?
4. Welche davon ist deine größte Leidenschaft?

Und dann geht‘s einfach nur ums Ausprobieren. Du legst dich für eine gewisse Zeit auf diese eine Sache fest und wenn es nicht funktioniert, dann probierst du die nächste Sache aus. Aber bitte nicht schon nach ein paar Wochen wechseln :-)

Denn es wird bei jeder Entscheidung auch Hürden und Herausforderungen geben, die du nicht umgehen kannst. Da musst du dann einfach durch. Es ist auch nicht so schlimm. Bitte nur nicht vorher schon das Handtuch werfen.

DER INTUITIVE ANSATZ

Deine Intuition spricht mit dir, gibt dir immer wieder Signale. Sie zeigt sich im Schlaf, in deinen Träumen.

Dein Körper zeigt es dir. Es liegt aber an dir, ob du darauf reagierst und dementsprechend handelst.

Es liegt an dir, ob du deiner Intuition Wert gibst. Es hat mit deinem Selbstwert zu tun.

Denn wenn du Selbstwert hast, dann traust du deiner Intuition und passt deine Entscheidungen daran an.

Du weißt, dass deine Seele nur das Beste für dich will. Sie will dich zu deiner Wahrheit und Berufung führen.

Dich in Leichtigkeit und Liebe leiten. Denn nur wenn du dagegen ankämpfst, wird das Leben schwer und fließt nicht mehr. Warum solltest du deinen inneren Kompass – deine innere Weisheit – missachten und ausschließlich auf den Verstand hören?

Folge deinem inneren Kompass

Es gibt diese innere Stimme, die uns immer wieder sagt, wann wir uns auf dem richtigen Weg befinden und wann es eine Sackgasse ist. Oftmals hören wir nicht darauf, da unser Verstand siegt. Nur weiß unser Verstand auch nicht alles. Wir trainieren ihn selbst über die Jahre und können mitbestimmen, wie viel Einfluss er auf uns und unsere Entscheidungen hat. Natürlich brauchen wir unseren Verstand, doch darf er bei manchen Entscheidungen nicht überhandnehmen. Es gibt nämlich Dinge, die der Verstand einfach nicht versteht. Und genau bei solchen Entscheidungen, bei denen das Gefühl wichtiger ist, sollte der Verstand außenvorgelassen werden. Unser Verstand kann uns nämlich limitieren. Er sagt uns, was möglich ist und was nicht. Oft sagt uns unser Gefühl aber etwas ganz anderes. Das Gefühl flüstert uns zu: „Tu es, folge deinem Herzen", wobei unser Verstand schreit: „Bist du verrückt? Du kannst nicht so unvernünftig sein. Du kannst das nicht. Glaubst du, du seist besser als andere?" Der Verstand hilft uns bei vielen Dingen, bei vielen anderen Dingen aber auch nicht.

Ich glaube, dass wir am mächtigsten sind, wenn wir unseren Verstand mit unserem Herzen verbinden. Spiritualität mit Psychologie. Inspiration mit Strategie.

Ich durfte spirituell in den letzten Jahren sehr viel lernen. Ich bin sehr tief in die Materie eingetaucht und habe viel gelernt, gefühlt und gesehen. Es hat mich sehr herausgefordert und verändert. Was ich gelernt habe, ist, dass das eine ohne das andere nicht funktioniert. Oder anders: es funktioniert, nur sind wir weniger mächtig. Stell dir vor, du kannst es sehen und spüren, trittst aber nicht in Aktion. So machen es leider viele Menschen; sie wünschen, hoffen, visualisieren und öffnen sich für Neues. Wenn es dann aber zum Greifen nahe ist und echte Aktion erforderlich ist, dann erstarren sie.

Viele entscheiden sich entweder für die eine oder die andere Seite, dabei ist die Kombination gerade das, was das Leben interessant macht.

Lasse dich führen

Jeder Mensch, der aber schon im Flow war, also seiner Leidenschaft gefolgt ist, kennt dieses unglaublich tolle und mysteriöse Gefühl, dass einen manchmal ganz unerwartet überkommt und inspiriert. Alles ist dann möglich. Die Ideen sprudeln dann nur so aus uns heraus und wir sind im Einklang mit uns selbst. Wir tun in diesem Moment, was wir tun müssen. Und es fühlt sich so an, als ob da etwas Mächtigeres mitwirkt.

Wenn mich dieses Gefühl überkommt, eine neue Idee in mir brodelt, dann bekomme ich Gänsehaut und manchmal sogar Tränen in den Augen. Ich weiß in dem Moment, dass es Dinge sind, denen ich nachgehen sollte. Ich war nicht immer so sensibel und empfänglich für Ideen. Das fing alles erst an, als ich allmählich anfing, anders zu leben. Ich verbrachte mehr Zeit in der Natur, meditierte, machte Yoga und war einfach gut zu mir.

Woher kommt dieses Gefühl?

Manche nennen es Gott, andere das Universum, die Essenz des Lebens oder andere glauben, es sei das Unterbewusstsein oder einfach nur ein Gefühl. Unser Zentrum der Kreativität, das Bauchgefühl oder auch unser wahres Ich. Es ist egal, wie du es nennst oder was es genau ist, solange du darauf hörst. Dieses Gefühl oder diese Stimme ist in der Lage, unserem Leben Sinn zu geben, uns den Weg zu zeigen, unser Leben mit mehr Leidenschaft zu füllen und uns in Einklang mit unserer wahren Natur zu bringen. Wenn du dieses Gefühl verlierst, bist du nicht mehr verbunden. Dabei ist das Gefühl so wichtig. Es ist alles. Es ist, woher all unsere Ideen entspringen, und macht das Leben erst so richtig lebenswert.

Die Ideen, die ich in den letzten Jahren hatte, die mich wirklich erfüllen und zu einem glücklichen Menschen gemacht haben, kommen nicht von mir. Es sind Impulse, die mir das Universum oder mein höheres Ich schickt. Dadurch, dass ich dem Leben und dem Universum totales Vertrauen schenke, werde ich belohnt und mir wird gezeigt, in welche Richtung ich muss. Der eine oder andere mag jetzt vielleicht schmunzeln, aber so funktioniert es für mich und viele andere Menschen auch.

Ich glaube daran, dass wir nur ein Instrument sind, durch das Ideen fließen. Wir sind dazu da, um diese Ideen umzusetzen, zur Materie werden zu lassen. Es fließt einfach nur durch uns durch und versucht uns zu sagen, dass wir genau diese eine Sache gerade tun sollten. Wenn wir aber mit unserer Mitte nicht verbunden sind, geht die Inspiration und unsere Lebensaufgabe flöten. Sie verabschiedet sich nicht. Wir können sie einfach nur nicht mehr hören.

WAS VERSUCHT DIR DAS UNIVERSUM ZU SAGEN?

Kennst du das Gefühl, dass du manchmal hast, wenn Dinge passieren, die regelrecht unheimlich sind?

Ich meine damit unheimlich im guten Sinne. Ich meine die Dinge, die dir eine Gänsehaut verpassen und dich kurz glauben lassen, dass das Geschehene ein Zeichen war. Nein, eigentlich bist du dir ganz sicher, dass es ein Zeichen war.

Du hast dir etwas in den Kopf gesetzt und plötzlich gibt es überall Zeichen und Unterstützung. Es ist dann fast so, als ob all die Ereignisse passieren müssten. Lassen wir das FAST weg. Sie sollten passieren!

Du triffst Menschen und du weißt, dass du sie treffen musstest.

Es passieren Dinge, die dich in eine Richtung lenken. Ereignisse, die dir die Augen öffnen wollen und dir sagen wollen: „Hallo, du bist nicht allein. Du wirst unterstützt."

Ich glaube nicht an Zufälle. Ich glaube, dass das Universum seine Ordnung hat.

Manchmal versucht es uns schon fast in die richtige Richtung zu schubsen, damit wir es sehen und wahrnehmen. Doch oft kommen uns dann unser Verstand und die Angst in die Quere.

Ich saß mal mit einem Freund in Bangkok am Fluss und wir unterhielten uns über Gott und die Welt. Er erzählte mir, dass er momentan auf der Suche nach seiner Berufung ist. Er macht seit kurzem sehr gute Fotos und tut dies auch gerne. Er hatte auch schon den Gedanken, dies zu seinem Beruf zu machen. Doch ist es trotzdem noch Neuland für ihn. Und uns wird ja beigebracht, dass wir erst mit einer soliden Ausbildung etwas beherrschen.

Es kamen sogar auch schon Anfragen rein, was ihn in seinem Vorhaben nur bestätigen sollte. Doch kommt dann wieder die gute alte Angst hoch, ob man denn gut genug dafür ist. Das Universum hat ihm ganz deutliche Zeichen geschickt, dass er sein Vorhaben angehen sollte und dass er dabei unterstützt wird. Was er aber daraus macht, liegt ganz allein an ihm.

Heute, vier Jahre später, macht er genau das. Er hat seine Leidenschaft zu seinem Beruf gemacht. Es hat funktioniert, auch wenn es sicherlich nicht immer einfach war.

Hast du auch manchmal das Gefühl, dass dir das Universum versucht, etwas zu sagen, doch du hast Probleme, die Nachricht zu verstehen?

Was passiert dir immer wieder?

Was kommt immer wieder hoch?

Was traust du dich seit Ewigkeiten nicht, doch zeigt sich immer wieder?

Was kannst du ganz natürlich, ohne große Anstrengung?

Hattest du schon mal eine Vision?

Weitere Fragen, die du dem Universum stellen kannst

Ich glaube, dass jeder in seinem tiefsten Inneren weiß, was die eigene Lebensaufgabe ist. Manchmal geht sie aber verloren, da wir das Gefühl und die Verbindung zu unserer wahren Natur verlieren. Falls du also noch Tools und Fragen benötigen solltest, um dir wirklich sicher zu sein, versuchen wir es auf diesem Wege.

Es gibt verschiedene Ansätze, wie du herauszufinden kannst, was dein Warum ist.

Stelle dir folgende Fragen:

1. Hast du eine Vision davon, was in der Welt anders sein könnte?
2. Fühlst du Schmerz oder Frustration, wie die Dinge in der Welt laufen?
3. Spürst du, dass du hier bist, um eine Aufgabe zu erledigen?
4. Du weißt eigentlich, was du tun solltest, spürst aber einen großen Widerstand, wenn du an deine Berufung denkst? Du hast Angst und willst in die andere Richtung laufen? Deine Aufgabe ist zu groß und zu ungemütlich?
5. Glaubst du, dass du nicht alles besitzt, um es umzusetzen? Fehlen die finanziellen Mittel oder die Qualifikation?
6. Du fühlst, dass du noch nicht die Person bist, die du sein solltest? Das stimmt! Sobald du aber anfängst und dich in den Prozess begibst, wirst du zu der Person!

Erlaube dir, dein wahres Potenzial zu leben

Viel zu oft stehen wir uns einfach selbst im Weg. Wir versperren uns selbst die Sicht und beschweren uns dann, dass wir nicht wissen, was wir wollen und nicht klar sehen können. Es sind aber nicht die Umstände oder fehlendes Talent, das uns ein Leben ohne Leidenschaft beschert. Es ist einfach nur der Fakt, dass wir nicht mit uns selbst verbunden sind. Wir haben die Verbindung zu uns selbst verloren. Wir wissen nicht mehr, wer wir sind, weil unser Ego über unser Leben bestimmt.

Manchmal erahnen wir, wer wir sind und was wir wollen. Doch dann kriegen wir Angst und schrecken zurück. Zu groß ist die Angst, dass unser Potential noch größer ist, als wir es jemals erahnt hätten.

Die Angst vor unserer eigenen Größe hält uns klein und lässt uns nicht sehen und spüren, was das Leben für uns bereithält.

Vielleicht ist es nämlich nicht die kleine Idee, die aufregend klingt, aber dennoch komfortabel ist, sondern etwas viel Größeres, was dadurch beängstigend zu sein scheint. Zu groß und mächtig. Aber genau durch diese Angst müssen wir durch, wenn wir an den Ort wollen, wo unser wahres Ich, unser Warum, schlummert.

Manifestiere es

Wenn du bewusst eine bestimmte Situation in dein Leben ziehen möchtest, gibt es eine grundlegende Sache zu beachten.

Deine Energie muss mit deinem Zielwunsch übereinstimmen.

In einigen Büchern und spirituellen Foren im Internet liest man von dem Manifestieren von Dingen, z. B., wie man seinen Traumpartner oder materiellen Reichtum manifestiert. Oft wird dort die Möglichkeit der Visualisierung beschrieben. Man wird dazu angeleitet, sich beispielsweise jeden Abend die Zeit zu nehmen und sich ganz fest bildlich vorzustellen, wie man sein gewünschtes Manifest erhält.

Diese Methodik ist jedoch unvollständig. Und zwar deshalb, weil es im Universum ein grundlegendes Prinzip gibt – das Prinzip oder Gesetz der Resonanz. Dieses Prinzip beschreibt, dass Dinge, die auf der gleichen Schwingung sind (also eine gleiche Energiequalität haben), sich gegenseitig anziehen. Angst zieht also Angst an, Freude zieht Freude an.

Das bedeutet, dass wir auf der gleichen Schwingung mit den Dingen sein müssen, die wir uns wünschen. Nur so können wir sie in unser Leben ziehen.

Wir müssen SEIN, was wir uns wünschen.

Es ist nicht ausreichend, dass wir uns vorstellen, was wir haben möchten. Denn so bleiben wir weiter im Mangel – wir haben es ja nicht, deswegen kämpfen wir dafür. Die Geisteshaltung ist: „Ich habe nicht", unsere energetische Ausstrahlung ist somit Mangel. Diese Ausstrahlung wird weiterhin Mangel anziehen.

Wenn wir jedoch mit unserer gewünschten Situation im Einklang sind – zum Beispiel selbst der liebevolle Partner sind, den wir uns wünschen –, dann strahlen wir eine Energie aus, die sich auf ihrem Weg ihre gleichschwingende Energie sucht und nach einiger Zeit findet. Wir sind bereits zufrieden und nicht im Mangel – diese Zufriedenheit wird mehr Zufriedenheit anziehen. Wenn wir unglücklich sind, weil wir unseren Wunsch nicht erfüllt bekommen, werden wir weiter Unglück anziehen und das Gewünschte weiter von uns weg treiben.

Ist dir auch schon öfters im Leben aufgefallen, dass du Dinge erst erhältst, wenn du gelernt hast, ohne sie glücklich zu sein?

Eine lange Zeit kämpfst du für etwas, doch der Kampf scheint aussichtslos. Dann beendest du den Kampf und schließt Frieden damit, dass du deinen Wunsch nicht erfüllt bekommst. Und plötzlich kommt er dann zu dir.

Tue also so, als hättest du deinen Wunsch bereits. Sei ohne glücklich. Beende das Wollen und beende den Kampf. So kommst du aus dem Mangel in deine eigene

Kraft, entfaltest dein Potenzial und gehst in Resonanz mit deinem gewünschten Manifest.

Freue dich bereits jetzt über dein erreichtes Ziel. Umarme es innerlich. So änderst du gleichermaßen deine Gegenwart wie auch deine Zukunft.

HOLE DIR DIE NÖTIGE INSPIRATION

Wir alle brauchen hin und wieder mal Inspiration. Und jeder findet Inspiration woanders. Für manche reicht es, in den Buchhandel zu gehen, andere wollen dafür in die Natur, machen Yoga oder besuchen Workshops.

Vielleicht ist auch eine längere Reise das Richtige, um die nötige Inspiration zu finden.

Gehe dahin, wo du Inspiration findest. Egal, ob du sie im Außen oder im Innen findest, tue etwas dafür, dass deine Kreativität entfacht wird.

Woher kommt Inspiration?

Inspiration kommt nicht immer, wann man sie möchte. Manchmal kommt sie einfach mitten in der Nacht. Manchmal um drei Uhr morgens. Du kannst wahre Inspiration nicht lenken. Sie kommt und überrollt dich manchmal. Ich habe schon ein Buch innerhalb von zwei Wochen geschrieben, weil es geschrieben werden wollte. Ich war im Flow. Es fiel mir unglaublich leicht, es zu schreiben, da es einfach nur aus mir herausfloss. Wenn es kommt, dann kommt es. Zerstöre es nicht mit deinen Gedanken. Lass es zu.

Wachst du auch manchmal mitten in der Nacht auf? Oder vielleicht sogar regelmäßig? Der Poet Rumi sagte mal:

> *"The breeze at dawn has secrets to tell you.*
> *Don't go back to sleep.*
> *You must ask for what you really want.*

Don't go back to sleep.
People are going back and forth across the door sill
Where the two worlds touch.
The door is round and open.
Don't go back to sleep."

Aber was wollte er uns damit mitteilen? Mir selbst fallen dazu zwei Interpretationen ein. Zum einen geht es sicherlich darum, dass wir schon am sehr frühen Morgen aus unseren alten Gewohnheiten ausbrechen und präsent sein sollten. Wir sollen nicht in alte Muster verfallen.

Zum anderen, wenn es gerade um Inspiration geht, kann man es auch anders deuten.

Vor etwa einem Jahr war ich in einem Hotel in Bad Neuenahr. Zu dem Zeitpunkt saß ich gerade an meinem ersten Buch und widmete mich immer mal wieder der Fertigstellung. Ich war zu dem Zeitpunkt nicht im Flow. Doch dann bin ich mitten in der Nacht wachgeworden und konnte nicht mehr schlafen. Ich versuchte es eine halbe Stunde lang, doch klappte es einfach nicht. Mir schossen natürlich Gedanken durch den Kopf, dass vier Stunden Schlaf ja nicht ausreichen würden, und andere Gedanken, die mich einfach nur von der eigentlichen Aufgabe abhielten.

Ich entschied mich aber dann dazu, mich an den Schreibtisch zu setzen, mein Laptop aufzuklappen und zu schreiben. Ich schrieb und schrieb über Stunden. Es lief wunderbar und ganz von allein.

Angeblich soll gegen vier Uhr morgens unsere kreativste Zeit des Tages sein. Es soll die Zeit sein, in der wir wirklich mit uns verbunden sind. Es ist ruhig, friedlich und nichts stört oder unterbricht uns. Falls du also auch dieses Phänomen erleben solltest, gehe nicht wieder schlafen, sondern stehe auf!

Du wirst dich vielleicht wundern, woher plötzlich die richtigen Ideen kommen, warum du so klar denken kannst.

Und bitte mach nicht denselben Fehler wie ich und fang an zu rechnen, wie wenig Schlaf du erst hattest, und so niemals den Tag überstehen kannst. Ich muss dazu sagen, dass ich es liebe, lange zu schlafen. Stehe also auf und tue, was zu tun ist. Und wenn du später müde sein solltest, dann meditiere einfach für 20 Minuten oder mache einen Mittagsschlaf.

Der große Vorteil von Inspiration

Wenn du durch eine Idee oder ein Projekt inspiriert bist, lösen sich alle deine Fesseln und Begrenzungen auf. Dein Verstand überschreitet Begrenzungen und dein Bewusstsein breitet sich in alle Richtungen aus. Du findest dich also in einer neuen, wundervollen Welt wieder. Schlummernde Kräfte, Fähigkeiten und Talente werden zum Leben erweckt und du entdeckst, dass du größer bist, als du es dir jemals in deinen wildesten Träumen hättest ausmalen können.

Das sind die Belohnungen der Inspiration. Und sie sind mächtig, wie du es dir sicherlich schon vorstellen kannst.

Entferne die Fesseln, die dich von allem trennen, die dich nicht das ausleben lassen, was ausgelebt werden möchte. Deine Gedanken müssen deinen Taten und Gefühlen entsprechen, sonst entstehen Disbalancen.

Einstein drückte es mal so aus:

"Nothing happens until something moves."

Alles ist Energie. Alles ist in Bewegung. Was muss sich aber als Erstes bewegen? Unsere Gedanken.

Nichts ändert sich, wenn wir nicht anfangen, anders zu denken. Wenn du deine Sichtweise änderst, wie du die Dinge siehst, verändern sich auch die Dinge, die du betrachtest.

Gedanken sind Energie und haben die Macht, unser Leben zu verändern.

Unsere Gedanken stärken oder schwächen uns. Es ist ganz alleine unsere Entscheidung. Viele ziehen das in ihr Leben, was sie nicht haben wollen, weil ihre Gedanken darauf ausgerichtet sind.

„Es wird eh nicht passieren."
„Es ist zu schwierig."
„Ich habe kein Glück."
„Ich bin nicht dazu in der Lage."

Und wenn du so denkst, wirst du auch recht haben. Denn die Gedanken, die du hast, werden auch manifestiert.

Solange du glaubst, dass du etwas nicht kannst, wirst du es auch nicht kriegen, da du genau das an das Universum weiterleitest. Warum solltest du auch etwas bekommen, was du gar nicht haben willst? So einfach funktioniert das Gesetz der Anziehung.

Einstein sagte auch mal, dass jede einzelne Person im Universum die wichtigste Entscheidung seines Leben treffen muss. Lebst du in einem freundlichen Universum oder in einem feindseligen? Wenn du in einem freundlichen Universum lebst, wirst du zusehen, dass du mit ihm kooperierst. Dass es dir das gibt, was du in deinem Leben haben möchtest. Du wirst immer wieder nach Hinweisen schauen, dass es dich unterstützt, und diese kriegst du auch.

Wenn du aber in einem feindseligen Universum lebst, vertrittst du eine ganz andere Position. Du ziehst dann anstatt der guten Dinge die schlechten Dinge in dein Leben.

Dann wirst du zu einer der Personen, die einfach alles und jeder stört. Und selbst dabei gibt es unendlich viele Möglichkeiten. Jemand könnte dich stören, weil er zu groß, zu laut, zu dick ist. Oder es könnte an der Frisur, am Akzent oder an dem T-Shirt liegen. Wenn du dich an diesem Punkt befindest, kann dir das Universum auch nichts Gutes schenken.

Wenn du aber positiv bist, deinem Leben Vertrauen schenkst, du offen für Möglichkeiten bist und die Zeichen auch wahrnimmst, dann macht plötzlich alles Sinn. Jede kleinste Kleinigkeit passiert aus einem Grund. Denn nichts ist Zufall. Und genau in diesem Moment trittst du in ein anderes Leben über.

Du weißt dann ganz genau, dass du das kriegst, was du willst. Also sorge dafür, dass es nur Dinge sind, die du auch in deinem Leben haben möchtest.

Wenn du weißt, dass es auf dem Weg zu dir ist, dann kann dich keiner von deinem Vorhaben abhalten. Dein Verstand löscht plötzlich alle bereits vorhandenen Begrenzungen auf und du begibst dich tatsächlich auf das Gebiet unendlicher Möglichkeiten. Es ist wie ein Schlaraffenland und es wird nichts ausgelassen.

Jeder weiß, dass Kinder keine Begrenzungen haben. Dort, wo sie erst frisch herkamen, gibt es ja auch keine Begrenzungen. So können auch Erwachsene leben, wenn sie unnötige Glaubensmuster ablegen und die Welt frisch und durch die Augen eines Kindes sehen.

Dein Bewusstsein breitet sich in alle Richtungen aus

Es gibt kein Unten und kein Oben. Kein Rechts und kein Links.

Wenn du dich auf diese Ebene begibst, wirst du dich dabei wiederfinden, Dinge zu tun, die du nicht verstehst. Du hast nur dieses Gefühl, dass du gewisse Dinge tun musst, auch wenn es in diesem Moment überhaupt keinen Sinn macht. Später machen all die Dinge aber mehr als Sinn. Es ist ein Gefühl, dem du folgst und vertraust.

Du spürst genau, was zu tun ist, und du stoppst nicht, bevor es erledigt ist. Du weißt, dass es richtig ist, auch wenn du es nicht erklären kannst.

Wir sind nicht nur Fleisch und Knochen. Wir haben eine Seele und Gefühle, denen wir folgen. Nicht alles kann erklärt werden und das ist auch gut so.

Eine Auszeit

Wenn du es dir finanziell leisten kannst, dann kann eine längere Auszeit von sechs bis zwölf Monaten Wunder bewirken. Ich habe es schon bei so vielen Menschen gesehen, die durch etwas Raum und Zeit ihren Weg gefunden haben.

In der Zeit solltest du aber nicht auf der Couch sitzen, sondern Neues erleben, das dir Inspiration bieten kann. Denn so kommst du auf neue Ideen und wirst so richtig lebendig. Denn du lässt alles hinter dir und bist offen für Neues.

Für mich war es der größte Game Changer, auf Reisen zu gehen. Es hat mir eine neue Perspektive und Weitblick ermöglicht, die ich im Alltagstrott nicht so hätte erfahren können. Der Fokus verlagert sich einfach und eröffnet dir Möglichkeiten, die du sonst gar nicht wahrnehmen könntest.

Wenn du jeden Tag dasselbe siehst und dasselbe machst, dann kannst du auch nicht auf neue Ideen kommen! Bei mir funktioniert es mit den Ideen wunderbar, wenn ich im Zug, Auto, Bus oder Flugzeug bin. Aber auch in Hotels, an Flughäfen oder an Bahnhöfen wird meine Kreativität gefördert. Alles, was mir das Gefühl von „Transition" vermittelt, regt mich an.

Bei dir kann es aber etwas ganz anderes sein. Dafür musst du es aber herausfinden oder falls du es schon weißt, dich in diese Situationen begeben.

Wenn du reisen und etwas erleben möchtest, aber kein Geld hast, dann kannst du Workaway oder Wwoofing für dich nutzen, oder auch Couchsurfing. Bei allen Optionen zahlst du nichts für die Unterkunft und lernst Einheimische kennen. Meistens ist sogar die Verpflegung mit dabei. Dafür arbeitest du ein paar Stunden am Tag als Gegenleistung.

Du kannst aber auch an Meditations-Retreats auf Spendenbasis teilnehmen und so tief in dich gehen.

Oder klassisch Backpacken und viele andere Reisende kennenlernen. Es gibt viele Optionen, es kommt nur darauf an, was du brauchst und erleben möchtest. Wie weit möchtest du dich aus deiner Komfortzone begeben? Bist du bereit, wirklich etwas zu erleben und dadurch deine Kreativität anzapfen?

Vielleicht reicht dir auch eine Woche in den Bergen oder am Meer, um dir den nötigen Raum zu geben. Jeder ist da anders und braucht dadurch auch andere Gegebenheiten.

ZUM SCHLUSS: WAS WÜRDE DIR DEIN 80-JÄHRIGES ICH RATEN?

Wenn du dir vorstellst, dass sich dein Leben schon dem Ende zuneigt und du dein 80-jähriges Ich fragst, was du anders machen solltest, was würde es dir sagen? Welcher Tätigkeit solltest du nachgehen?

Womit solltest du mehr Zeit verbringen?

Und womit weniger Zeit?

Würde es dich zu mehr Liebe und Leichtigkeit anstiften?

Oder würde es sagen, dass alles so bleiben soll, wie es ist?

Ich finde diese Übung zum Abschluss am besten, da es dir ganz klar aufzeigt, um was es im Leben geht und was dir wirklich wichtig ist. Alles Irrelevante sollte hier automatisch wegfallen.

Es könnte eine sehr emotionale Frage werden, da du dich in dem Moment mit deiner Sterblichkeit und den wirklich wichtigen Dingen im Leben beschäftigst.

Was zählt wirklich für dich?

Welche drei wichtigen Entscheidungen würdest du heute treffen, wenn du keine Angst hättest?

Die einzige Möglichkeit Großes zu leisten ist, das zu lieben, was man tut. Wenn du das noch nicht gefunden hast, dann suche weiter. Gib dich nicht zufrieden. Wie bei allen Herzensangelegenheiten wirst du wissen, wenn du es gefunden hast. Und am Wichtigsten ist: habe den Mut deinem Herzen und deiner Intuition zu folgen. Sie wissen irgendwie bereits, was du wirklich werden willst. Alles andere ist zweitrangig.

Steve Jobs

SUCHE, BIS DU ES FINDEST

Egal, was du schon in deinem Leben erlebt hast: Du darfst träumen und das werden, was du schon immer werden wolltest. Jeder hat das Recht auf ein Leben mit Leidenschaft. Vergiss dabei deine Vergangenheit, denn sie ist nicht deine Zukunft. Du kannst dir jederzeit eine neue und bessere Zukunft schaffen.

Bei der Suche nach der Erfüllung deiner Träume musst du aber auch mal nach rechts und nach links schauen. Nicht immer sind die Träume nämlich in der Nähe unserer Tätigkeit. Oft sind unsere wahren Leidenschaften ganz woanders zu finden. Ganz oft liegt der Schlüssel zu deinem Glück in der Vergangenheit. Deshalb nimm dir Zeit und spüre deine alten Träume auf, die du irgendwo vergraben hast. Und noch viel wichtiger: akzeptiere, dass allein du deine Richtung ändern kannst.

Die Richtung ist wichtiger als die Geschwindigkeit deines Lebens. Für alles wollen wir ein Programm haben, das vieles vereinfacht und beschleunigt. Alles wird schneller und belangloser. Wir brauchen ein besseres Zeitmanagement und einen Reiseplan für den Urlaub. Ist es aber nicht nahezu lächerlich, wenn die Geschwindigkeit wichtiger als die Richtung ist? Ist es nicht tragisch, wenn wir Minuten sparen wollen und dabei Jahre verschenken und unsere Träume soweit vergraben, dass wir sie nicht mehr finden können?

Gehöre nicht zu den Menschen, die sich keine Gedanken über ihre Richtung machen und einfach nur durch das Leben rasen oder kaum noch Lust an ihrem

Leben haben. Denn die Geschwindigkeit spielt keine Rolle, wenn wir nicht wissen, wohin es geht.

Es ist möglich, morgen schon etwas ganz anderes zu machen und jemand anderes zu sein.

Suche, bis du es findest. Gib dich nicht mit weniger zufrieden. Du hast dieses eine Leben, das dir gescheckt wurde. Es wäre die reinste Verschwendung, daraus nicht das mit Abstand Beste zu machen.

Willst du dich bei denen einreihen, die schon am Sonntag Magenschmerzen wegen Montag kriegen? Es ist nur reine Kopfsache und jeder kann das ändern.

Verschwende nicht dein Leben, denn du wirst es garantiert bereuen. Wir alle haben eine Gabe, die ausgelebt werden will. Und du bestimmst, ob du es zulässt oder weiterschläfst und aufwachst, wenn es zu spät ist.

Gib dich nicht mit dem erstbesten Job zufrieden, wenn er keine Euphorie in dir auslöst. Sei mit einem Partner zusammen, den du von ganzem Herzen liebst. Lass dir einfach von niemandem vorschreiben, wie du dein Leben zu leben hast – denn dafür ist es zu kurz.

> *Wir erfinden unseren Auftrag in dieser Welt nicht, sondern wir entdecken ihn. Er liegt in uns und wartet darauf, verwirklicht zu werden. Jeder hat eine persönliche Berufung oder Mission im Leben. Jeder muss einer bestimmten Aufgabe nachkommen, die auf Erfüllung drängt. Der Auftrag jedes Menschen ist genauso einzigartig wie die Chance, ihn zu erfüllen.*
>
> Viktor Frankl

Und sobald du anfängst, an dich und deine Träume zu glauben, wirst du sehen, dass sie zu einer Art Magnet werden, der alles und jeden in dein Leben zieht, um deine Wünsche, Hoffnungen und Träume real werden zu lassen.

Das wirst du vielleicht jetzt nicht glauben. Frage aber einfach mal Menschen, die ihren Träumen nachgehen. Sie werden es dir bestätigen. Es ist, als ob das Universum sie dabei unterstützt, ihr wahres Potenzial auszuleben.

DEFINIERE FREIHEIT FÜR DICH

Freiheit ist nicht, mit einer Kokosnuss auf einer Insel zu chillen.

Freiheit ist nicht Konsum.

Freiheit kommt nicht so billig und einfach daher.

Freiheit ist so viel mehr.

Für mich jedenfalls.

Denn spätestens wenn du dich in der scheinbaren Freiheit wiederfindest, merkst du, dass du gar nicht frei bist, sondern dich in einem neuen systematischen Konstrukt befindest.

Und derjenige, der Freiheit kurz spüren durfte, will sie eigentlich nicht mehr loslassen. Die Enttäuschung, dieses Gefühl nicht mehr zu spüren, ist einfach zu groß.

Manchen Menschen siehst du Freiheit einfach an.

Die Haut hat die Farbe der Berge.

Die Augen die Farbe des Meeres.

Die Stimme den Klang des Windes.

Meine Augen haben Freiheit gesehen.

Meine Ohren haben Freiheit gehört.

Und meine Seele hat Freiheit gespürt.

Doch ist Freiheit wirklich frei?

Freiheit bedarf an Entschlossenheit, Wahrheit und Courage.

Es bedarf hunderttausend Tage auf der Erde.

Es braucht Verrücktheit und Einsamkeit.

Freiheit ist wild und gesetzlos.

Freiheit ist aber nicht für jedermann.

Sie zeigt dir deine größten Ängste klarer als alles andere zuvor.

Sie nimmt dich dahin, wo der Regenbogen endet.

Nur die Mutigen, die Verrückten und diejenigen, die Hand in Hand mit Gott gehen, werden wissen, wovon ich spreche.

Es ist in dir.

Deine Berufung kann dich dahin führen.

Dein Herz.

Deine Seele.

Sie schreien förmlich nach Freiheit.

Aber was bedeutet Freiheit für dich?

Stelle dir diese Frage, denn Freiheit kann für jeden etwas anderes sein.

Für mich begann alles mit dem Wunsch, örtlich unabhängig zu sein.

Meinen Alltag so gestalten zu können, wie ich es möchte.

Auszuschlafen, der Sonne hinterher zu reisen, kreativ zu sein.

Für dich kann Freiheit aber eine ganz andere Bedeutung haben.

Nimm dir ein paar Minuten Zeit und beantworte die Fragen:

Was bedeutet Freiheit für dich?

Wie fühlt sich Freiheit für dich an?

Wie kann deine Berufung dich in die Freiheit führen?

Just do it

Du weißt inzwischen, wie du deine Leidenschaft, dein Warum und deine Berufung findest. Nun gehen wir noch auf die Ausreden ein, die bei den meisten hochkommen werden, wenn es dann um die Umsetzung und die ersten Schritte geht.

Denn es wird dir nichts bringen, deine Berufung erkannt zu haben, aber nicht ins Tun zu kommen.

Also lass es uns anpacken!

DIE ERSTEN SCHRITTE IN DEINE BERUFUNG

Viele scheuen sich davor, den Schritt zu wagen, was ich verstehen kann. Es muss aber nicht radikal verlaufen. Du musst deinen Job nicht sofort kündigen und dich sofort in dein neues Leben stürzen. Wenn du dich traust, kannst du das natürlich machen. Ich habe es mich nicht von heut auf gleich getraut. Finanziell ging es nicht und außerdem war ich noch nicht bereit dazu. Zu viele Selbstzweifel waren noch da und außerdem wusste ich nicht, was ich machen wollen würde. Es kamen immer wieder unterschiedliche Ideen in mir hoch, doch fühlte sich keine davon richtig an.

Wenn du weißt, was du machen möchtest, solltest du dazu bereit sein, deinen Service für eine Weile umsonst anzubieten. Wenn es dir Spaß macht, es dein Hobby ist, dann macht es dir auch nichts aus, es umsonst zu machen. Wenn es dir nämlich nur ums Geld geht, kann es nicht richtig sein.

Ich habe mit meinem Blog Modern Hippie mein erstes Geld nach über einem Jahr verdient. Es waren 80 Euro und ich war stolz wie Oskar über meinen ersten Verdienst. Bis ich davon leben konnte, verging noch eine ganze Weile. Das war aber okay, da ich wusste, dass es passieren würde, und ich Spaß an der Sache hatte und heute auch noch. Das erzähle ich dir nicht, um dich zu demotivieren, sondern einfach nur, damit du weißt, dass Gutes Zeit braucht. Denn diejenigen, die dir erzählen, dass du von heut auf morgen mit deiner Selbstständigkeit reich wirst, sind genau die, die nur davon leben, dir so etwas zu erzählen und zu verkaufen.

Es macht absolut Sinn, vorerst in seinem alten Job zu bleiben und geduldig und dankbar zu sein. Dankbarkeit ist eine sehr mächtige Sache, die vieles für dich verändern kann. Dabei solltest du es auf jeden Lebensbereich übertragen. Wenn du es jetzt schon auf deinen Job überträgst, deine Attitude änderst, fühlst du dich jetzt schon so, als ob du da wärst, wo du hinmöchtest.

KEINE CHANCE DER SELBSTSABOTAGE

Zum Teil habe ich das Thema schon im Kapitel „Dein Mindset“ angesprochen. Da es sehr wichtig ist, möchte ich zum Schluss nochmal darauf eingehen.

Viel zu häufig sabotieren wir uns selbst durch unsere Stimme im Kopf. Wir glauben, dass wir nicht gut genug sind, es nicht verdient haben oder zu wenig können. All das stimmt aber nicht.

Sabotage kann aber auch durch die Menschen um uns herum geschehen. Es ist nicht förderlich für unser Glück, doch geschieht dies ganz automatisch durch die Denkmuster der meisten Menschen.

Wenn wir klein sind, wird uns beigebracht, dass wir noch viel lernen müssen. Wir können noch nichts und es wird auch noch lange dauern. Meistens sind wir erst nach dem Schulabschluss oder nach der Universität dann soweit. Vorher sind wir noch grün hinter den Ohren.

Wenn wir dann aber eines Tages Schritte in die richtige Richtung machen, erschreckt es die Menschen in unserem nahen Umfeld, da sie uns nicht verlieren wollen. Sie möchten, dass wir so bleiben und uns für sich behalten. Den eigenen Weg zu gehen bedeutet nämlich häufig, sich vom alten Leben zu verabschieden und Veränderung zuzulassen.

Natürlich haben sie Angst, dich zu verlieren. Das ist eine ganz normale Reaktion der meisten Menschen. Manche fangen dann an, deine Träume schlechtzureden.

„Künstler verdienen kein Geld", „Du hast doch keine Ahnung davon", „Du kannst deinen sicheren Job doch nicht für so ein Hirngespinst aufgeben". Solche oder andere Aussagen dürften dir bekannt vorkommen. Damit hat sich dein Traum vorerst wieder erledigt.

Doch die häufigste aller Ursachen ist die Selbstsabotage. Nichts können wir besser, als uns einzureden, dass wir etwas nicht können oder einfach nicht genug für etwas sind. Und warum sollten ausgerechnet wir unsere Leidenschaft ausleben, wenn es kaum jemand in unserem Umfeld tut?

Doch dann kommt der Moment, in dem wir mutig sind. Wir machen Schritte in die Richtung, in die wir wollen. Wir sind stolz auf uns und fühlen uns so lebendig. Wir gehen weiter und es fühlt sich richtig an. Plötzlich sind wir fast da. Wir kriegen Angst und machen etwas, um es zu vermasseln. Die Angst ist einfach zu groß und siegt in diesem Moment.

Das muss aber nicht sein. Sobald du erkennst, dass du dich selbst sabotierst, kannst du dich einfach gegen die Sabotage und für dein Wachstum entscheiden.

ICH HABE KEINE ZEIT

Eines der gängigsten Probleme ist, dass wir keine Zeit nach der Arbeit haben, um unserer Leidenschaft noch nachzugehen.

Erzwinge bitte nichts, wenn du dich nicht danach fühlst. Es muss ganz natürlich und ohne Zwang passieren. Du musst es gerne machen, da sonst das Resultat nicht so sein wird, wie es eigentlich sein könnte.

Wenn du nur an einem Tag in der Woche Zeit hast, dann ist das so und auch vollkommen okay. Du musst dich in der Zeit gut fühlen, da es das Ergebnis beeinflusst. Wenn du es erzwingst und eigentlich keine Lust darauf hast, gehst du mit einer ganz anderen Energie an die Sache heran. Es kommt, wenn du dich wohl fühlst und dadurch inspiriert und leicht bist. Denn genau diese Energie möchtest du in dein Vorhaben stecken. Nicht umsonst gibt es den Ausdruck „Herzblut in eine Sache stecken". Menschen sehen und spüren, wenn du wirklich hinter deiner Sache stehst und es nicht nur fürs Geld tust.

Du kannst die Entspannung und Inspiration durch Meditationen, Sport oder ein kurzes Schläfchen hervorrufen, wenn du es möchtest. Setze dich aber nicht an die Sache, wenn du dich ausgelaugt und müde fühlst. Es bringt dir letztendlich eh nichts.

Ich arbeite gerne phasenweise. Manchmal mache ich wochenlang kaum etwas und dann bunkere ich mich für ein paar Wochen ein, da es sich richtig anfühlt und es einfach passieren muss. Es fühlt sich in diesen Momenten so an, als ob es einfach raus müsste, und so sollte es sich auch bei dir anfühlen.

Manchmal nutze ich aber auch die Zeit in Flugzeugen oder Zügen, wenn es mich einfach überkommt. Es ist ein Gefühl und es sagt dir, wann du dich hinsetzen und daran arbeiten solltest und wann du es lieber bleiben lassen solltest.

DIE SACHE MIT DEM GELD

Wie schon vorher erwähnt kann es sehr gut sein, dass du deinen Service erst umsonst anbieten wirst (je nachdem was du machst). Das kann kürzer oder auch länger andauern.

Du solltest aber bereit dazu sein, es umsonst anzubieten. Wenn du es noch nicht mal für ein Jahr umsonst machen kannst, wie willst du dann auf Dauer Spaß daran haben? Geld ist das nötige Mittel, das eh fließen wird, sobald du Spaß daran hast. Wenn du etwas mit Leidenschaft machst, dann machst du es gut.

Du wirst in der Zeit das nötige Selbstbewusstsein aufbauen können und dann nach der Anfangsphase auch selbstsicher und ohne Zweifel Geld dafür verlangen.

Desto mehr du praktizierst, was du liebst, umso besser wirst du und glaubst automatisch mehr und mehr an dein Können.

Es wächst mit deinem Selbstbewusstsein, deiner Freude und deiner Inspiration. Ich kann selbst nur bestätigen, wovon so viele reden. Erst als ich für mich entschieden habe, dass ich es wert bin, floss mehr Geld. Es gab Momente, in denen ich kurz daran dachte, wieder einen normalen Job zu finden. Doch kurz darauf entschied ich mich, umzudenken, und es funktionierte. Noch vor einem Jahr wusste ich manchmal nicht, ob ich nicht mein Vorhaben sofort aufgeben muss, da das Geld so knapp wurde. Und solange ich diese Gedanken in meinem Kopf hatte, änderte sich auch nichts für mich. Es änderte sich erst, als ich mir sicher war, dass ich das, was ich tue, kann und dementsprechend auch entlohnt werden möchte.

Fang an, dich anders auszudrücken. Tausche „Ich kann mir das nicht leisten“ gegen „Ich gönne es mir zu einem späteren Zeitpunkt“.

Als ich mit meinem Blog soweit war, einigermaßen Geld zu verdienen, habe ich nach außen kommuniziert, dass ich davon leben kann. Das stimmte auch, nur befand ich mich für mehrere Monate in Thailand, wo das Leben günstiger ist. Es stimmte also schon und kurbelte meinen Prozess nur an, dorthin zu kommen, wohin ich kommen wollte. Es funktionierte und das tut es bei jedem. Glaube, dass du schon da bist, und das Universum unterstützt dich dabei.

Eine Sache, die mir auch immer wieder auffällt, ist, dass viele Menschen glauben, dass Geld böse sei. Sie verurteilen Menschen mit Geld und sind neidisch. Doch sobald wir andere dafür verurteilen, speichert unser Unterbewusstsein ab, dass Geld etwas Schlechtes ist und wir es in unserem Leben nicht haben wollen.

Doch machen Menschen Geld erst zu etwas. Es ist nur ein Mittel zum Zweck. Du kannst also daraus etwas Gutes oder etwas Böses machen. Wenn du also etwas Gutes tust, kannst du auch Geld als Gegenleistung für deinen Wert erwarten.

Fang auch an, Geld für deine wirklichen Werte auszugeben und nicht für Dinge, die dir in Wirklichkeit nichts bedeuten. Ich gebe viel Geld für Yoga aus und gönne mir ganz bald wieder eine Woche in einem Yoga-Retreat, was nicht günstig ist. Auch sind meine Flüge nicht immer preiswert, doch gebe ich nur sehr selten Geld für Alkohol, teure Unterkünfte oder Klamotten aus. Richte deine Energie auf das aus, was dir wichtig ist, und nichts anderes.

Geld ist an sich nur ein Mittel zum Zweck, damit du dich entspannt und inspiriert deiner Berufung widmen kannst. Finanzielle Sorgen kreieren nämlich das Gegenteil davon. Ich schreibe dieses Buch wesentlich entspannter als das erste und das nur, weil ich weiß, dass ich mich gerade voll und ganz nur darauf konzentrieren kann und mich danach wohlverdient in meinen Yogaurlaub begeben kann.

Ich weiß, dass es leicht gesagt ist, wenn man gerade keine finanziellen Probleme hat. Doch hatte ich auch schon finanzielle Probleme, nur wusste ich, dass es sich ändern wird. Ich war fest davon überzeugt, gab wenig Geld aus und blieb dadurch recht gelassen. Und eine Veränderung kann schneller passieren, als du es glaubst! Es liegt ganz allein an dir!

Du musst Verantwortung für deine Finanzen übernehmen. Viele verlassen sich auf ihren Chef, den Ehepartner oder die Eltern. Ich wusste auch immer, falls es mal einen Notfall geben sollte, dass ich immer meine Eltern um Geld fragen könnte. Das ist gut und schlecht zugleich. Der Nachteil daran ist, dass wir unser Potenzial dadurch nicht nutzen, da wir uns auf unseren Retter verlassen. Glaub mir, ich kann ein Lied davon singen.

Wertschätze dich selbst. Kreiere Wert und erhalte Wert in Form von Geld als Gegenleistung.

Und wenn du in etwas gut bist (und das bist du!), du es mit Spaß und Leidenschaft machst, dann kommt das Geld von ganz allein.

Schätze dich und deine Talente, denn du bist es wert, dafür gut entlohnt zu werden!

SUPPORTE DICH SELBST

Du arbeitest an deiner Idee, bist inspiriert und kannst es kaum erwarten, dein neues Leben zu führen? Doch fehlt dir irgendwie der Support von außen?

Unterstützen dich deine Freunde, dein Partner oder deine Familie nicht bei deinem Vorhaben?

So geht es vielen! Ich lese immer wieder in Emails, dass der Support von anderen fehlt und eher Zweifel und Kritik von anderen aufkommen. Sei ihnen nicht böse, denn sie denken sich nichts Schlechtes dabei.

Wenn du etwas haben willst, erwarte nicht, es von außen zu erhalten, sondern gib es dir selbst!

Ich kenne nicht viele Menschen, die in der Anfangsphase Unterstützung von anderen erhielten. Sie waren alle stark genug zu wissen, dass sie es schaffen würden.

Du musst dich selbst supporten! Unterstütze dich in deinen Gedanken, mit deinen Aktionen und mit den Worten, die du benutzt.

Erwarte nichts von außen, denn du kannst es dir selbst geben. Sobald du es von anderen erwartest, machst du dich abhängig und das zerstört deine Macht, dein Wissen, deine Leidenschaft. Es macht dich klein. Meditiere, manifestiere oder schreibe auf, was du erreichen möchtest und wie du leben möchtest.

Wenn aber ehrlicher Support von außen kommt, dann solltest du diesen auch dankend annehmen. Denn vielleicht wurde dir da jemand geschickt, der dich dabei unterstützen kann und den Prozess beschleunigen soll.

Und wenn du dringend etwas Unterstützung von außen benötigst, dann gehe zu Veranstaltungen, bei denen du Gleichgesinnte kennenlernen kannst. Du erhältst dort sehr viel wertvollen Input und kannst dich mit anderen Menschen austauschen und ihr könnt euch gegenseitig unterstützen. Online ist dies auch möglich in Kursen oder Mastermind-Gruppen.

Auch ich biete online eine Mitgliedschaft für diejenigen an, die etwas mehr Unterstützung haben möchten. Außerdem halte ich auch Retreats für Menschen, die voll in ihre Kraft kommen wollen.

Wie du siehst, es gibt auch Unterstützung von außen. Jedoch solltest du erst dein eigener größter Unterstützer werden, um nicht von äußeren Umständen abhängig zu sein.

PERFEKTIONISMUS IST NUR ANGST

Kennst du Menschen, die immer alles perfekt planen, sehr strukturiert und auch klug vorgehen? Daran ist auch nichts auszusetzen, wenn es zum Schluss auch ein Resultat gibt. Es gibt aber auch die Menschen, die an so extremem Perfektionismus leiden, dass sie nichts umsetzen. Sie planen alles bis ins kleinste Detail und machen letztendlich doch nichts, da die Angst sie überkommt, noch immer nicht gut genug zu sein.

Es fängt ja schon in der Schule mit der Notengebung an. Gelobt wird man nur, wenn man gute oder sehr gute Noten nach Hause bringt. Es ist okay, da wir ja irgendwie benotet werden müssen. Doch kann dieses System zu lebenslanger Frustration und Selbstzweifeln führen.

Es läuft ja so, dass wir von dem Wunsch angetrieben werden, es so gut wie möglich zu machen, und dann Angst vor den Konsequenzen haben, wenn wir doch nicht gut genug sind.

Das Ironische dabei ist, dass Perfektionismus zum einen mit einem starken Erfolgsdrang daherkommt und zum anderen aber mit dem exakten Gegenteil davon. Es ist nämlich auch ganz oft die Angst davor, zu versagen, und purer Selbstschutz, was dann nur zu Prokrastination führt.

Für mich ist Perfektionismus ein großer Kreativitätskiller. Nichts kannst du dabei belassen, wie es ist. Immer wieder wird korrigiert, verbessert und an dem gezweifelt, was du da erschaffen hast. Immer wieder alles zu perfektionieren könnte aber auch bedeuten, dass die Angst präsenter ist, als du es vielleicht wahrnimmst.

Perfektionismus lässt deine Kreationen, Ideen und Projekte oftmals nicht das Licht der Welt erblicken. Sie könnten ja nicht gut genug sein oder jemand könnte sie kritisieren. Du machst und machst also und wirst aber nie fertig, da es ja noch immer nicht gut genug ist. Mit dieser Einstellung wird es aber nie gut genug sein.

Ich habe bei meinem ersten Buch meinen Perfektionismus komplett beiseitegelegt. Okay, eigentlich gibt es bei mir keinen Perfektionismus. Ich erlaube mir Fehler, da ich weiß, dass es menschlich ist und nur meinen Flow stoppt. Ich wäre im Nachhinein froh gewesen, wenn ich ein paar Dinge anders gemacht hätte. Hätte ich aber all die Punkte damals schon beachtet, hätte ich das Buch erst gar nicht beendet. Unperfekt ist also vollkommen in Ordnung. Wir sind ja auch nicht hier, um perfekt zu sein. Wir können unsere Ideen nach und nach verbessern und aus Fehlern lernen. Unsere erste Kreation muss aber nicht perfekt sein. Viel wichtiger ist es, dass du etwas zu Ende und es unter die Menschen bringst. Und selbst wenn dich andere kritisieren – es gehört dazu! Wie viel Kritik ich schon einstecken musste und dann auch immer wieder an mir zweifelte. Zum Glück kommt aber mehr Zuspruch als Kritik, was mich dann immer wieder stärkt. Und wenn mal Kritik kommt, dann nimm es nicht zu persönlich und sehe es vor allem nicht als Rückschlag oder Versagen an. Jeder von uns wurde schon kritisiert und hat es überlebt.

Perfektionisten gehen gerne Risiken aus dem Weg, was deren Innovation und Kreativität blockiert. Für sie gibt es nämlich nur Erfolg oder Versagen. Wenn also etwas zu riskant sein könnte, wird es einfach vermieden.

Perfektionismus schützt dich aber nur davor, dich verletzlich zu zeigen. Dich so zu zeigen, wie du eigentlich bist.

Wegen der großen Angst vor Ablehnung und Versagen können Perfektionisten sich nicht so zeigen, wie sie sind – nämlich verletzlich und echt.

Öffne dich! Zeige anderen, wer du bist, wofür du stehst und wie es in dir aussieht. Du musst nicht immer stark sein und deine Emotionen kontrollieren. Erzähle anderen von deinen Ängsten, Unsicherheiten und Enttäuschungen. Sei einfach menschlich.

Perfekt gibt es nicht!

Unter der harten und perfekten Schale verstecken sich oft Schuld und Scham. Perfektionismus hat nichts mit Excellence zu tun oder mit gesunder Strebsamkeit. Es hat eher mit einer Denkweise zu tun, die sagt: „Wenn ich perfekt arbeite, perfekt aussehe und perfekt lebe, dann kann ich Scham, Vorwürfen und Verurteilungen anderer aus dem Weg gehen.“ Sei authentisch und zeig anderen, wer du bist. Lege den Selbstschutz ab, den du dir über die Jahre antrainiert hast, nur um Enttäuschungen zu vermeiden. Zeig dich verletzlich, denn das macht dich schön!

Perfektionismus hat noch eine sehr unschöne Seite. Perfektionisten neigen auch ganz oft dazu, andere zu verurteilen. Sie akzeptieren an anderen die Dinge nicht, die sie an sich selbst auch nicht akzeptieren. Sie können dabei schon fast diskriminierend und sehr unangenehm für andere werden und natürlich sich selbst nur damit schaden. Nur weil sie glauben, nicht gut genug zu sein, geben sie dieses Gefühl an andere weiter. Wären sie aber weniger hart zu sich selbst, würden sie auch weniger hart und urteilend anderen gegenüber sein.

Hör also bitte, bitte auf, Fehler bei dir und anderen zu suchen. Keiner ist perfekt und an jedem wird es etwas auszusetzen geben. Egal, ob es darum geht, fünf Minuten zu spät zu kommen, die Kekse zu lange im Ofen zu lassen oder den Flieger zu verpassen. Du kannst dich an solchen Dingen schon hochziehen oder aber es sein lassen.

TSCHÜSS PROKRASTINATION

Es wird Tage geben, an denen du auch mal Arbeit erledigen musst, die du nicht machen willst, oder an denen du vor der Größe des Projektes einfach Angst hast. In den Momenten neigen viele zu Prokrastination.

Prokrastination ist die Kunst, Dinge immer wieder aufzuschieben. In Wirklichkeit ist es aber keine Kunst, sondern ein echter Fluch. Sobald du anfängst, Aufgaben auf die lange Bank zu schieben, trittst du in einen Teufelskreis ein, aus dem du so schnell keinen Ausweg findest.

Was bedeutet Prokrastination?

Prokrastination bedeutet, Aufgaben von einem Tag auf den anderen zu verschieben, Dinge hinauszuzögern, Zeit zu verschwenden – und das ohne einen wirklichen Grund zu haben. Du schiebst halt die Dinge, die du nicht erledigen möchtest, immer wieder auf.

Wenn du dich im Tunnel der Prokrastination verirrst, tust du es sicherlich nicht mit Absicht. Vielmehr willst du einfach nicht tun, was du tun solltest. Was du heute kannst besorgen, das verschiebe ruhig auf morgen. Natürlich lautet dieses Sprichwort etwas anders und sagt genau das Gegenteil davon aus. Die Folgen der Prokrastination sind so gut wie immer negativ.

Was lässt sich gegen Prokrastination tun?

Ziel aller Betroffenen ist es, mit dem ständigen Aufschieben aufzuhören. Allerdings scheint dies ein durchaus schwieriges Unterfangen zu sein. Selbst wer mit den besten Absichten beginnt, findet sich nicht selten erneut beim Aufschieben wichtiger Dinge und dem Verschwenden von Zeit wieder.

Es gibt jedoch einige einfache Tricks, die uns bei unserer Mission helfen können, um die Prokrastination ein für alle Mal zu besiegen und aus unserem Leben zu verabschieden.

1. Organisiere deine Arbeit

Dieser Punkt scheint zunächst banal, ist es aber nicht. Sehr oft ist die Prokrastination auf einen Mangel an Organisation zurückzuführen. Eine der besten Wege zu mehr Organisation ist die Erstellung einer Liste der Dinge, die du zu erledigen hast. Dabei solltest du jede Aufgabe mit einer Deadline versehen.

Achte darauf, dass die Deadlines realistisch sind. Ansonsten riskierst du Frust. Damit würdest du nämlich nur den gegenteiligen Effekt erzielen, Arbeit erneut aufschieben und Zeit für eine Liste investieren, die eigentlich nutzlos ist. Das Ergebnis: Du wirst erneut in alte Gewohnheiten verfallen und Opfer der Prokrastination werden.

2. Größere Aufgaben in kleine Teilaufgaben aufteilen

Eine weitere Möglichkeit, mit dem Prokrastinieren aufzuhören, ist die Aufteilung deiner Arbeit in kleinere, überschaubare Teilaufgaben. Oft kann es beängstigend sein, eine Liste mit Aufgaben vor sich zu haben, die sehr viel Zeit erfordert. Auch das wird automatisch zu Prokrastination führen.

Die Aussicht, acht oder zehn Stunden an einer Aufgabe zu arbeiten, ist für niemanden besonders reizvoll. Versuche also, einzelne Aufgaben in mehrere Teilaufgaben aufzuteilen.

Füge jede dieser Aufgaben deiner Liste hinzu. So könntest du statt einer achtstündigen Aufgabe jeweils acht einstündige Aufgaben haben. Das Erledigen einer Aufgabe nach der anderen wird deine Liste immer kürzer werden lassen und dir den Eindruck vermitteln, viel effizienter zu sein.

3. Mit den einfachsten Aufgaben beginnen

Sobald du deine Arbeit in mehrere Aufgaben aufgeteilt hast, empfiehlt es sich, mit den einfacheren Aufgaben zu beginnen.

Wenn dich die Prokrastination bereits lange plagt, kann es beängstigend sein, sich mit einer besonders anspruchsvollen ersten Aufgabe konfrontiert zu sehen. Die Wahrscheinlichkeit ist in diesem Fall groß, dass du erneut Zeit verschwenden und erneut Dinge auf die lange Bank schieben wirst. Beginne also mit den einfachsten, den kürzesten oder weniger aufwendigen Aufgaben.

Du wirst feststellen, dass die Bewältigung deiner ersten Aufgaben dir die Motivation gibt, weiterhin effizient zu arbeiten und die Prokrastination nachhaltig zu bekämpfen.

Das Hauptproblem, das oft Ursache für die berüchtigte Aufschieberitis ist, liegt in der Schwierigkeit, den ersten Schritt zu tun. Manchmal ist das jedoch alles, was es braucht.

Uns zu guter Letzt noch ein wichtiger Punkt:

Bleibe positiv und belohne dich regelmäßig

Mache dir die Vorteile und den Nutzen jeder der zu erledigenden Aufgaben klar. Achte darauf, den Nutzen deiner Arbeit nicht auf ein einziges Element zu reduzieren: das Geld. Natürlich ist Geld wichtig, als Motivationsfaktor ist es oft jedoch eher wenig gut geeignet. Es kann produktiver sein, sich andere Vorteile vor Augen zu führen.

Denke daher darüber nach, wie eine Aufgabe zu deiner Weiterentwicklung beitragen kann. Konzentriere dich auf das, was du dadurch lernen wirst und was dein Ziel ist. Vergiss niemals deine Vision.

Das Erledigen von Aufgaben erscheint manchmal attraktiver, wenn wir wissen, dass uns am Ende etwas Besonderes erwartet: ein Abendessen in deinem Lieblingsrestaurant, ein Ausflug in die Natur, ein guter Film oder eine Stunde im Yogastudio.

Indem du Belohnungen für deine Bemühungen festlegst, verwandelst du deinen Arbeitsalltag in eine angenehmere Erfahrung. Wenn du weißt, was dich am Ende des Tunnels erwartet, ist es viel einfacher, produktiv zu sein und dic Dinge nicht stundenlang aufzuschieben.

Was mir auch immer wieder hilft, ist eine Meditation, ein Spaziergang in der Natur und ein Ortswechsel für meine Arbeit. Wenn ich z. B. merke, dass mir die Decke auf den Kopf fällt, dann arbeite ich in einem Café oder Coworking Space weiter. Der Perspektivenwechsel wirkt bei mir regelrechte Wunder.

Du musst aber für dich selbst herausfinden, was dir hilft und dich voranbringt.

WENN DU DICH MAL LEER FÜHLST

Fühlst du dich in schweren Zeiten auch manchmal mental und emotional ausgelaugt? Fällt es dir schwer, morgens das Bett zu verlassen und etwas zu unternehmen? Und nun denke mal umgekehrt an Zeiten, in denen du verliebt, begeistert oder von einer Sache inspiriert bist. Wahrscheinlich sind das eher Zeiten, in denen du nur so vor Energie strotzt. Und genau in diesen Zeiten schöpfen wir von einer ganz wichtigen Energiequelle. In jedem von uns ist eine gewaltige Menge an Energie vorhanden, die nicht vom Essen oder Schlafen kommt. Wir können aber von dieser Energiequelle nur schöpfen, wenn wir offen bleiben und bei schmerzhaften Erfahrungen nicht dichtmachen. Ich rede hier vom Herzen. Und das Herz ist ein sehr wichtiges Energiezentrum, das wir öffnen und schließen können. Wenn du dein Herzzentrum verschließt, kann auch keine Energie hineinfließen.

Stelle dir mal vor, du denkst, dass dein Partner dich betrügt. Automatisch verschließt du dein Herz und es herrscht Dunkelheit. Findest du dann aber heraus, dass dein Partner nichts Falsches getan hat, öffnet sich dein Herz wieder. Dadurch wirst du wieder mit Energie erfüllt und die Liebe beginnt erneut zu fließen.

Genauso kann es mit deiner Berufung laufen. Es wird gute und schlechte Tage geben. Aber nur, wenn es mal schlecht läuft, musst du nicht direkt dicht machen. Denn in dem Moment entscheidest du dich unbewusst gegen deinen Traum.

Ich weiß, dass es in schwierigen Situationen nicht einfach ist, offen zu bleiben. In den letzten Wochen habe ich mich immer wieder dabei erwischt, dass ich dichtmachen wollte. Nur ist dies keine Option, da ich mir damit selbst nur schade. Ab dem Punkt wäre ich blockiert und hätte nur noch sehr wenig Energie.

Offen bleibst du, indem du dich ganz bewusst dafür entscheidest. Wenn du dich dabei erwischst, wie du dich verschließt, frage dich, ob es das wert ist. Denn wenn du dein Herz verschließt, schützt du dich nicht wirklich, sondern schneidest dich nur von deiner Energiequelle ab. Mein größtes Hilfsmittel hierbei ist die Meditation oder wie vorher beschrieben die Verbindung zu anderen. Du kannst dein Herz ausschütten und spürst, dass du nicht allein bist.

Wenn du dich etwas Höherem widmest ...

Wenn du dich deiner Berufung widmest, du hier bist, um zu geben, dann bleibt dein Herz automatisch offen. Du wirst auch automatisch unterstützt, da es nicht nur um dich geht.

Es ist dann fast so, als ob du eine zusätzliche Energiequelle hast, die dich versorgt.

Sei immer gut zu dir, damit du offen bleiben kannst!

WER WILL MEIN PRODUKT?

Vorhin saß ich mit meiner Mutter in der Küche, die mir erzählte, dass sie letztens für 30 Euro ein kleines Päckchen Hühnerscheiße kaufte. Ja, wirklich.

Hühnerscheiße wird als natürliches Dünger genutzt und ist natürlich besser als jegliche künstliche Alternative.

Ich möchte hier nicht groß über Hühnerscheiße reden, sondern nur deutlich machen, dass es für alles einen Markt gibt und Menschen auch bereit sind, dafür zu zahlen.

Wenn du also das nächste Mal an deinem Vorhaben zweifelst, denke einfach an das kleine Päckchen Hühnerscheiße.

Es gibt für alles eine Zielgruppe

Als ich anfing zu bloggen, fragte ich mich immer wieder, wer wohl meinen Blog lesen wird. Es gab zu dem Zeitpunkt schon viele sehr schöne Blogs und mir schien der Markt gesättigt zu sein. Wozu also noch einen Blog?

Genauso ging es mir, als ich mein erstes Buch schrieb. Es gibt heutzutage schon zig Bücher, die Menschen dazu inspirieren, ein besseres Leben zu führen. Und diese Menschen sind älter, haben mehr Lebenserfahrung und wissen, was sie tun. Wer sollte also bitte mein Buch kaufen?

Die Zweifel kamen immer wieder hoch. Bevor ich mein erstes Buch veröffentlichte, wurde es ganz extrem. Ganz kurz hatte ich daran gedacht, es komplett bleiben zu lassen.

Zu schlimm wäre es für mein Selbstwertgefühl gewesen, wenn es keiner kauft. Und die Kritik erst, wenn man selbst etwas kreiert. Viele Gedanken schossen durch meinen Kopf. Das Buch wollte aber geboren werden, also passierte es auch.

Heute weiß ich, dass jeder etwas anderes zu geben hat und dies auch geben sollte. Manchmal erscheint es auf den ersten oberflächlichen Blick anders. Doch hat jeder etwas Einzigartiges zu geben. Du bist einzigartig und die Welt wartet nur darauf, zu sehen, was du zu bieten hast.

Du hast deine Geschichte, die dich geprägt hat, dich zu dem gemacht hat, was du heute bist und noch werden willst. Und keiner, bis auf dich hat dieselbe Geschichte erlebt. Es ist dein Leben und deine Story! Somit hast du Einmaliges zu geben!

Mit Ablehnung umgehen

Sagen wir, du schreibst ein Buch und stellst dein Manuskript einem Verlag vor und dieser schickt dir eine Absage. Vielleicht schickst du dein Manuskript an zwanzig Verlage und kriegst zwanzig Absagen und beim Versuch Nummer einundzwanzig klappt es dann plötzlich.

Viele Künstler, Autoren und Unternehmer sind daran gewöhnt, Ablehnung zu erfahren. Es ist vollkommen normal und es stärkt einfach nur deinen Willen.

Jeder Selbstständige musste schon fallen und wieder aufstehen. Es läuft nicht immer rosig und nicht immer wollen die Menschen auf Anhieb das, was du anbietest. Das ist aber vollkommen normal. Daraus lernst du und wirst nur noch stärker.

Lasse dich niemals von Ablehnung entmutigen. Es gehört zu deinem Weg und macht deinen Willen einfach nur stärker. Du kannst aufgeben, oder aber es als Motivation sehen. Es liegt allein an dir.

WO STARTE ICH?

Ich für mich kann sagen, dass der Anfang für mich immer die größte Herausforderung ist. Ich weiß nicht, wo und wie ich anfangen soll, und mein Chaos breitet sich einfach nur aus. Ich sitze dann immer vor hunderten von Zetteln und weiß nicht, was ich machen soll. Ich nenne es kreatives Chaos.

Was ich für mich aber herausgefunden habe, ist, dass ich einfach anfangen muss. Egal, wie chaotisch es zu Beginn auch sein mag. All das legt sich und kriegt dann noch Struktur.

Starte einfach mit dem Schritt, mit dem du anfangen möchtest. Du machst den ersten Schritt und trittst in Aktion. Damit beseitigst du den Druck und kannst gelassener an die Sache rangehen.

Die besten Resultate gibt es, wenn du etwas ohne Erwartungen tust, sondern einfach nur weil du es willst. Fange also an, werde Erwartungen los und dadurch leichter.

Wenn Druck und Erwartungen deine Begleiter in diesem Moment bleiben, kommen dadurch Zweifel und Angst vorm Versagen hoch.

Aktion ohne Erwartungen lässt dich nur dich selbst sein. Lasse also los, sei du selbst in deiner besten Version und lege los!

Sobald du nämlich anfängst, befindest du dich in einer anderen Energie. Du zeigst der Welt, dass du bereit bist, das zu tun, was du tun solltest.

Visualisiere. Halte die Vision fest. Sei konkret und klar, was deine Vision angeht. Fühle das Gefühl hinter der Vision und dann tritt in Aktion!

Einfach Schritt für Schritt. Schreibe dir die ersten kleinen Schritte auf, sodass du diese auch realistisch erfüllen kannst und komme ins Tun.

LÖSE DEINE BEGRENZUNGEN AUF

Während meines Studiums hatte ich frühzeitig schon Angst vor der Abschlussarbeit, die etwa vierzig Seiten umfassen sollte. Mir bereitete der Umfang einer solchen Arbeit Sorgen, da ich felsenfest davon überzeugt war, nicht schreiben zu können. Dass ich später Bücher mit etwa fünfmal so viel Inhalt schreiben würde, hätte ich niemals für möglich gehalten.

Als ich mit Yoga anfing, habe ich die anderen Yogis bewundert, wie sie sich verrenken konnten und wie mutig sie bei manchen Positionen waren.

Ich meine, wenn man sich den Kopfstand oder andere fast schon akrobatische Yogapositionen (Asanas) anschaut, kann einem fast schlecht werden.

„Wie zur Hölle machen die das nur?", dachte ich mir jedes Mal. Nachdem ich eine Weile Yoga gemacht hatte und ich mich mal wieder nicht traute, den Kopfstand auszuprobieren, kam die Yogalehrerin zu mir und meinte nur „Trau dich". Ich dachte mir in diesem Moment nur „Hallooo, sehe ich so aus, als ob ich das könnte?", und schüttelte einfach nur mit dem Kopf. Irgendwann später probierte ich es dann mal aus und es war überraschenderweise gar nicht so kompliziert, es hinzubekommen. Ab dem Moment hat sich meine Attitude geändert und der Kopfstand wurde zu meiner Lieblingsyogaposition.

Yoga ist ein perfektes Beispiel dafür, wie unser Ego uns manipuliert und kleinhält. Jede Yogastunde empfinde ich nämlich anders. Und genauso sieht es dann auch in meinem Kopf aus.

Und das ist genau das, was wir in unserem Leben machen müssen. Es ist egal, wer du bist, wie alt du bist, was du erlebt hast, was andere Menschen dir versuchen einzureden. Wenn du weißt, dass es keine Limitationen gibt, und du dazu in der Lage bist, deine alten Denkmuster aufzulösen, dann lässt du dein Ego hinter dir. Und dein Ego ist eh nicht dein wahres Ich, sondern nur etwas über die Jahre durch die Gesellschaft Antrainiertes.

Du kannst all das, worauf du deinen Fokus legst. Doch dann kommen andere Menschen und erzählen dir, dass das nicht möglich ist. Dabei spricht nur deren Ego, was sie sich über Jahre antrainiert haben und das sich dann auf dich überträgt. Somit verlassen wir in dem Moment das Gebiet der unendlichen Möglichkeiten und finden uns in Begrenzungen wieder, die nicht für uns bestimmt waren.

Unsere Gesellschaft gibt uns vor, wer wir sind, durch die Dinge, die wir haben, was wir machen, was andere Menschen über uns denken. Jeder ist also für sich allein, getrennt von anderen und unserer Essenz, woher all die Inspiration herkommt.

Wir glauben, dass wir das sind, was wir besitzen: das Haus, das Diplom, die Klamotten, der Partner.

Was passiert aber, wenn all die Dinge weg sind? Wer bist du dann? Du hast keine Werte mehr und weißt dann nicht, wer du bist.

Was ist, wenn du in fünf Jahren nicht mehr das machen kannst, was du heute machst? Existierst du dann nicht mehr? Zählt unser Ruf mehr als das, was in uns steckt? Unsere Wahrheit?

Leider werden wir alle so erzogen, dass wir in die Gesellschaft passen. Tue einfach das, was dir andere Leute sagen, und folge schön der Masse.

Wir nehmen also all die falschen Ideen für uns an. Denn wir alle haben die Tendenz, anderen zu glauben und Dinge einfach nachzumachen.

Inspiration wirst du so aber nicht finden können. Inspiration kommt von Spirit, wie der Name schon sagt, und der liegt nicht im Ego.

VISUALISIERE ES IMMER WIEDER

Du weißt inzwischen, was du machen willst, und konntest es dir auf geistiger Ebene vielleicht auch schon vorstellen. Vielleicht konntest du spüren, wie sich dein neuer Weg anfühlt, vielleicht konntest du aber auch klare Bilder sehen.

Nun geht es darum, sich dieses Gefühl und diese Bilder immer wieder ins Gedächtnis zu rufen.

Ich wusste vor Jahren unterbewusst auch schon, was ich machen werde und wie mein Leben aussehen wird. Ich hatte das Bild vor Augen, wie ich an den schönsten Orten der Welt an meinem Notebook sitze und an irgendwas am Arbeiten bin.

Was es genau war, wusste ich nicht. Schreibtalent hatte ich eigentlich nie, also musste es irgendwas anderes sein. Vielleicht würde ich ja Grafikdesignerin werden oder als Freelancer online für irgendein Unternehmen arbeiten.

Das Bild kam immer und immer wieder. Unbewusst hat es sich wahrscheinlich so tief verankert, dass es gar nicht anders konnte, als wahr zu werden.

Inzwischen visualisiere ich öfters Dinge, die ich mir in mein Leben wünsche.

Und genauso solltest du es auch machen. Stelle dir immer wieder deine Leidenschaft und Berufung vor. Wie du dich dabei fühlst und was du machst.

Profisportler benutzen Visualisierung regelmäßig. Einfach nur weil festgestellt wurde, dass wenn sich Profisportler oft genug eine perfekte Leistung vorstellen, die Nervenbahnen so konditioniert werden, um tatsächlich das zu erreichen, was sie sich vorgestellt haben. Es wird dabei angenommen, dass eine Person, die sich ihren Erfolg vorstellt, ihr Selbstvertrauen und ihre Motivation erhöht, sodass sich ihre Erfolgschancen erheblich vervielfachen könne.

Hollywood-Star Jim Carrey ist ein gutes Beispiel dafür. Er schrieb sich vor vielen Jahren selbst einen Zehn-Millionen-Dollar-Scheck für einen Filmvertrag und datierte diesen fünf Jahre in die Zukunft. Zu diesem Zeitpunkt kannte ihn noch niemand, dennoch glaubte er an sich und seine Karriere. Und was passierte? Fünf Jahre später wurde er der Hauptdarsteller in dem Film „Dumm und Dümmer" und erhielt eine Gage von zehn Millionen Dollar.

Für manche hört es sich vielleicht unrealistisch an, das ist es aber nicht. Es ist ein ganz natürlicher Prozess, der einfach nur die Kraft der Gedanken involviert.

Es gibt Menschen, die diese Technik jeden Tag ganz natürlich nutzen, ohne zu wissen, was für ein mächtiges Tool sie da gerade anwenden.

Die Macht der Visualisierung nutzen nicht nur Hollywood-Stars, sondern auch andere erfolgreiche Menschen aus allen Bereichen wie Künstler, Sportler, CEOs, Sänger und Speaker. Sie alle kennen die Wichtigkeit dessen, sich selbst in Gedanken gewinnen zu sehen, bevor sie es in der Realität tun.

Wissenschaftliche Studien haben sogar ergeben, dass unser Gehirn zwischen einer Visualisierung und der Realität nicht unterscheiden kann.

In einer Harvard-Studie wurde zwei Gruppen eine einfache Piano-Melodie gezeigt.

Die eine Gruppe übte fünf Tage lang jeden Tag zwei Stunden und die andere Gruppe stellte sich einfach nur vor, dass sie die Melodie spielen würde. Was neurologisch bei beiden Gruppen stattfand, war nahezu identisch.

Das Unterbewusstsein akzeptiert Gedanken, die du häufig wiederholst. Dabei ändert sich dann automatisch dein Mindset bezüglich der Sache und folglich natürlich deine Gewohnheiten und Handlungen. Das führt dazu, dass du neue Menschen kennenlernst und in neue Situationen gerätst.

Gedanken sind mit einer so unglaublich kreativen Power ausgestattet, dass sie in der Lage sind, dein Leben zu formen und die Dinge in dein Leben zu ziehen, an die du denkst.

Besonders ein fokussierter Gedanke mit reichlich emotionaler Energie hat es in sich. Gedanken verändern die Balance der Energie um uns herum und auch unser Umfeld.

Manche Menschen denken und wiederholen gewisse Gedanken ziemlich häufig. Sie fokussieren ihre Gedanken auf ein gewisses Ereignis oder eine Situation und kreieren dadurch immer wieder dieselben Ereignisse und Umstände. Es ist so, als ob sie sich immer wieder denselben Film anschauen würden. Man kann sich aber für einen anderen Film entscheiden, indem man seine Gedanken ändert.

Sorge also dafür, dass du dir einen sehenswerten Film aussuchst!

Wenn du deine Gedanken veränderst, kreierst du dir automatisch eine neue Realität

Wenn z. B. dein Auto fast schon auseinanderfällt und du gerne ein neues hättest, solltest du lieber nicht jammern und dich immer wieder auf das Negative fokussieren, sondern deine Gedanken und deine Einstellung ändern und ein neues Auto visualisieren. Und genauso funktioniert es mit deiner Berufung.

Stelle dir ganz klar vor, was du erreichen willst

Kreiere eine Vision, die so groß und so toll ist, dass dich nichts davon abhalten kann, schon gedanklich aufzugeben. Mache es wie Jim Carrey oder Michael Jordan, der den letzten Korb eines Basketball-Spiels immer vorher visualisiert.

Wenn du dich beim Erreichen deiner Träume nicht sehen kannst, dann ist die Chance sehr groß, dass es auch nicht passieren wird.

Desto genauer du dir die Situationen vorstellen kannst, umso besser. Ich sehe mich seit einigen Monaten auf der Bühne stehen und Vorträge halten. Ich weiß sogar, was ich dabei tragen werde und wie aufgeregt ich vorher sein werde.

Fange an, über deine Wünsche und Träume nachzudenken. Suche dir einen bestimmten Traum aus und visualisiere ihn immer wieder. Werde dabei so detailliert wie nur möglich. Stelle dir vor, wie du dich dabei fühlst, was du anhast, was du danach machst und wie es dein Leben verändern wird. Gehe dabei so weit, wie du nur kannst. Es muss sich so real wie nur möglich anfühlen. Wiederhole es dann immer wieder. Damit wäre es dann auch verankert. Habe Vertrauen und Geduld, und du wirst Resultate sehen können.

Und noch eine wichtige Sache zum Schluss: wie schon in dem Kapitel zuvor erwähnt sollest du auf der gleichen Schwingung mit den Dingen sein, die du visualisierst. Mit anderen Worten könnte man auch sagen, dass du ausreichend Selbstwert haben musst. Denn nur wenn du es dir wert bist und du es wirklich spürst und verkörperst, wird es funktionieren.

SCHRITT FÜR SCHRITT INS TUN KOMMEN

Vielleicht hast du jetzt die tollsten Vorhaben und Pläne, bist total euphorisch und bist dir in dem Moment auch sicher, dass du all das auch umsetzen wirst. Oder vielleicht hast du auch schon einen genauen Plan, was du gerne machen würdest. Aber irgendwie tut sich dann da doch nichts.

Du hast dann die Ideen und deine Liste an Träumen, jedoch tut sich nichts! Vielleicht ist es mit Ausgaben, Mut, Loslassen oder Entscheidungen verbunden. Dir fällt es dann nicht leicht, den ersten Schritt zu machen, denn egal, ob es mit Mut, Geld, Loslassen oder Entscheidungen zu tun hat: du musst etwas dafür TUN.

Ich kenne es nur allzu gut, manchmal nicht das zu machen, was ich möchte, weil ich mich in ungesunden Gedankenmustern wiederfinde. Doch weiß ich im Vergleich zu früher, wie ich diese Gedankenmuster inzwischen auflösen kann.

Bei den meisten kommen Gedanken auf wie:

„Ich kann es mir nicht leisten."

„Das traue ich mich nicht."

„Ich weiß nicht, was nach dem ersten Schritt kommt."

„Ich habe keinen richtigen Plan."

„Ich kann mich nicht entscheiden, womit ich anfangen soll."

Was steckt dann meistens dahinter?

Ich suche nicht nach Möglichkeiten, wie ich zusätzlich Geld verdienen kann, sondern glaube einfach: „Ach, das ist zu teuer, also mache ich es nicht." Nur interessanterweise, wenn ich mich für Dinge entschieden habe, die vorerst zu teuer waren und ich ins Tun kam und einfach dem Leben vertraute, dann kamen die Möglichkeiten und das Geld wie von selbst in mein Leben.

Wenn der Mut mal fehlt, dann pushe ich mich meistens dazu. Denn fehlender Mut ist keine Ausrede. Natürlich ist es erst unkomfortabel, denn Vorhaben oder Träume kommen oft mit Veränderungen daher. Unser Ego mag das natürlich nicht, doch wenn das Vorhaben deine Berufung ist, dann solltest du dir genug Selbstwert einräumen und es dennoch tun.

Dabei solltest du dir immer die Frage stellen: „Was ist, wenn ich es nicht tue?"

Und: „Wie fühle ich mich, wenn ich es tue?"

Auch keinen Plan zu haben, wie man genau vorgeht, ist für viele normal. Aber wie so oft, zeigt sich der nächste Schritt, wenn der erste Schritt erstmal gemacht wurde. Als ich wusste, dass ich einen Blog haben wollte, hatte ich absolut keine Ahnung, wie der Hase läuft. Auch heute stehe ich ab und zu vor Herausforderungen und muss immer wieder dazu lernen. Aber das kommt alles ganz automatisch mit dem Tun. Einfach Schritt für Schritt.

Wir müssen nicht von Anfang an wissen, was alles auf uns zukommt. Denn all das kann sich ganz schnell wieder ändern. Hauptsache ist nur, dass du anfängst.

Und dann ist da natürlich noch die Sache mit den Entscheidungen. Du musst dich entscheiden. Denn zig Dinge gleichzeitig zu machen funktioniert nicht. Wenn ich zehn Punkte auf meiner Liste habe und mich nicht entscheiden kann, dann habe ich diese Punkte Wochen oder Monate später noch immer auf der Liste und bin frustriert. Fange mit der Sache an, die dein Herz will und nicht dein

Verstand. Und bleibe dann dabei, auch wenn es sich an manchen Tagen nicht so stimmig anfühlen mag.

Jede Idee …
Jedes Vorhaben …
Jedes Versprechen …
Jeder Plan …
… ist ohne die Tat nichts wert.

Wie oft möchtest du planen, hoffen und wünschen, aber nichts aktiv verändern?

Du musst ins Tun kommen, sonst kann sich auch nichts ändern. Es gibt keine magische Pille, die dir die Schritte abnimmt.

Das Leben bietet dir aber immer wieder Möglichkeiten.

Nimmst du sie wahr? Siehst du sie?

Oder bist du dabei, dich selbst zu bemitleiden und bekommst noch nicht einmal mit, dass es immer wieder Möglichkeiten für dich gibt? Nimm die Scheuklappen ab und sag Ja zu den Möglichkeiten.

TUN und nicht auf ein Wunder warten

Mache dir eine Liste mit all deinen Vorhaben, Wünschen, Versprechen, Plänen und Träumen.

Schaue, welche Punkte auf deiner Liste dein Herz höherschlagen lassen oder dir ein Lächeln ins Gesicht zaubern. Lasse die anderen Punkte dann erstmal weg.

Und nun schreibe dir zu deinen favorisierten Punkten deine Vorgehensweise auf – eine Art Step-by-Step-Plan, der dich näher an deine Träume oder Wünsche bringt. Und danach fange mit dem Schritt an, den du dir ausgesucht hast.

Und dann heißt es TUN, bis du da bist. Einen Schritt nach dem anderen.

Wenn sich ein Mensch zuversichtlich in die Richtung seines Traums bewegt und versucht, das Leben zu leben, das er sich vorgestellt hat, wird er unvermutet in gewöhnlichen Zeiten ungewöhnliche Erfolge haben.

Henry David Thoreau

ES GIBT KEINE ABKÜRZUNGEN

Ein Freund von mir würde gerne seinen Job kündigen und in einem Land mit wärmerem Klima leben, dabei jeden Tag surfen gehen und seiner Leidenschaft nachgehen. Gleichzeitig möchte er nicht auf sein Ziel hinarbeiten und einfach viel Geld haben. Er möchte, dass das Geld einfach so auf sein Konto wandert. Ohne Aufwand und jegliche Handlung. Ganz magisch halt.

Wenn es darum geht, Zeit und Energie in sein Herzensprojekt zu investieren, wird es manchen dann plötzlich zu viel. Sie möchten einen Quick Fix, also eine Schnelllösung. Sie möchten, dass das Endresultat einfach schon da ist, ohne etwas dafür zu tun.

So viele jammern über ihren Job, ihre Gesundheit, ihre Beziehung, die Familie. Doch kaum jemand möchte handeln. Du musst etwas geben, arbeiten, handeln, Energie aufwenden, um etwas anderes zu erhalten. Es ist ein Austausch, der da stattfindet.

Du kannst nicht hoffen und wünschen, dass du deine Berufung ab jetzt leben wirst. Du musst aktiv werden und Schritt für Schritt darauf hinarbeiten. Wirklich jeden erfolgreichen Menschen, den du siehst, der seiner Leidenschaft nachgeht, hat sehr viel Zeit und Arbeit zu Beginn investiert. Es lohnt sich aber, die Zeit und Ausdauer zu investieren und die Früchte zu ernten.

Sonst wäre der Sieg doch nichts wert, wenn er so einfach daher kommen würde.

Es ist nur wichtig, das zu finden, was einem so sehr am Herzen liegt, dass es sich nicht immer wie Arbeit anfühlt, sondern eher wie ein Hobby. Denn dann kommst du automatisch ganz häufig in einen Flow-Zustand und die Arbeit geht dir ganz einfach von der Hand.

Wir alle suchen nach Abkürzungen

Abkürzungen zu beruflichem Erfolg.

Abkürzungen zu persönlicher Entwicklung.

Abkürzungen zu deinen Träumen.

Abkürzungen, die all den Scheiß und die schmerzhafte Arbeit vermeiden.

Es gibt aber keine Abkürzungen.

Wir müssen uns voll und ganz auf den Prozess und die Arbeit einlassen.

Wie sollen wir sonst wachsen, wenn es so einfach und so schnell ginge?

Was hätte es an Wert, wenn wir es mit einem Fingerschnippen hätten?

Gehe den Weg und genieße dein Wachstum. Es wird nicht immer einfach oder leicht sein. Manche Tage werden schmerzhaft und einfach nur schwer sein. Sie vergehen aber und wirst belohnt für deine Arbeit.

Erfolg fällt halt nicht vom Himmel

Es gibt viel zu viele Menschen, die glauben, dass man für Erfolg nichts tun muss. Genau diese Menschen beneiden dann auch andere um ihren Weg und den Erfolg. Denn gerne wären sie auch erfolgreich, jedoch wollen sie nicht so viel Herzblut in eine Sache stecken.

Erfolg kommt nicht einfach so daher. Du musst dich für eine Sache entscheiden. Diese eine Sache, für die du brennst, und danach steckst du auch Zeit und Arbeit in deine Leidenschaft.

Denn es ist logisch, dass du auch etwas dafür tun musst.

Wenn du andere Menschen siehst, die Spaß an ihrer Arbeit haben und dabei auch noch erfolgreich sind, dann beneide sie nicht, sondern frage dich, wie sie es tun und mache es nach.

KEINE AUSREDEN MEHR

Rein gar nichts wird sich in deinem Leben ändern können, bis du erkennst, wieviel Macht du in deinen Händen hältst. Erst wenn du erkennst, dass du Schöpfer deines Lebens bist, kann sich wirklich etwas ändern.

Es geht darum, bescheiden zu sein und trotzdem groß zu denken.

Dich nicht zu limitieren, aber zu wissen, dass das Leben durch dich hindurchfließt.

Du bist alles und nichts zugleich.

Atme etwas tiefer. Etwas bewusster.

Und du wirst einen Raum in dir öffnen, den du nie wieder schließen willst. Du wirst die Schöpferkraft in dir erkennen können. Du wirst es sehen und spüren können.

Du öffnest dich einer neuen Dimension.

Und da ist alles ganz simpel. Viel zu simpel für unseren Verstand.

Denn da ist alles nur Liebe. Sonst nichts.

Und Liebe kann alles. Nichts ist unmöglich.

Du bist Schöpfer deines Lebens.

Das Leben gleicht dem Wasser. Wenn du schwimmst, hältst du dich nicht am Wasser fest.

Sonst würdest du ertrinken.

Du vertraust, entspannst dich und lässt dich treiben.

Komme in den Flow

Der mit Abstand beste Part von allen! Ich garantiere dir, sobald du in den Flow kommst, möchtest du nie wieder anderes arbeiten. Falls man es arbeiten nennen kann.

Du erschaffst etwas und bist mit etwas Größerem verbunden. Es fließt durch dich durch und benutzt dich nur auf eine fantastisch inspirierende und leichte Art und Weise. Du tust es einfach und verlässt dich auf dieses Gefühl. Das Gefühl leitet dich und sagt dir, was zu machen ist. Es fühlt sich richtig an. Und genauso solltest du auch erschaffen, was du erschaffen möchtest!

... und wenn ein Mindfuck mal daherkommt

Ein Mindfuck kommt manchmal ganz spontan und unerwartet daher.

Und hält sich wie lästiger Rauch, der kaum Weitblick erlaubt.

Vielleicht ist heute einer dieser Tage und es ist okay. Denn du weißt, dass du nicht dein Verstand bist.

Ich persönlich identifiziere mich nicht mit meinen Gedanken. Genauso schnell wie sie kommen, verschwinden sie auch wieder.

Unsere Gedanken sind schwerst abhängig davon, was wir in den letzten Tagen konsumiert haben. Alkohol, zu viel Zucker, schlechte Filme, negative Gesellschaft, Nachrichten, melancholische Musik. Die Liste könnte lang sein. Es ist wichtig, darauf zu achten, was man in sein System lässt. Denn es hinterlässt Spuren. Auch wenn sie unsichtbar zu sein scheinen.

Wenn du dich auf den Weg begibst, deiner Leidenschaft zu folgen und es zu deiner Berufung zu machen, dann solltest du immer wieder darauf achten, was deine Gedankenwelt so macht. Denn sie kann dich beflügeln oder auch runterziehen, wenn du keine gute Gedankenpflege betreibst. Denn es ist wichtig, dass auf diesem Weg deine Energie hoch ist und du optimistisch bleibst.

Mit etwas Disziplin und einer gesunden Routine hast du Einfluss auf dein Wohlergehen und kannst somit deine Energie hochhalten. Wenn du z. B. schon gestresst in den Tag startest, dann wird der Tag höchstwahrscheinlich so weitergehen.

Ich habe mir vor Jahren eine gesunde Routine angeeignet. Vernachlässige ich diese Routine, geht es mir nicht so gut. Es hat mir gezeigt, dass eine gewisse Routine, gepaart mit Disziplin, Wunder bewirken kann.

Für jeden kann diese Routine anders aussehen. Der eine mag mit 30 Minuten Sport am Morgen sein bestes Ergebnis erzielen. Der andere meditiert oder macht Yoga. Es gibt zig Möglichkeiten und nur durch Ausprobieren wirst du herausfinden, was für dich passt und was nicht.

HÖR AUF ZU WARTEN

Es ist an der Zeit, dass du dein Leben in die Hand nimmst.

Mit Selbstverantwortung kommt so viel Macht. Du hast die Macht über dein Leben. Du kannst täglich Entscheidungen treffen, die dein Leben ganz schnell verändern können.

Kein anderer wird dies für dich tun. Keiner wird daher kommen und dir das geben, was du brauchst. Du musst es dir selbst geben.

Du musst realisieren, dass dein Leben von dir abhängt. Von deinen Entscheidungen, deinen Gedanken und deinem Handeln. Du kannst deine Story jederzeit neu schreiben. Es ist DEIN Leben.

Alles ist möglich. Ich habe es am eigenen Leib erlebt, wie schnell sich das Leben verändern kann. Nichts ist mehr, wie es war. Ich lebe, wo ich leben möchte. Ich arbeite an den Dingen, an denen ich arbeiten möchte. Ich stehe auf, wann ich aufstehen möchte. Ich bin, wer ich sein möchte.

Wir alle haben das Recht auf ein freies und glückliches Leben! Nur beginnt diese Reise in uns und ist nicht im Außen zu finden.

Bist du bereit, ein Leben nach deinen wildesten Vorstellungen zu führen? Bist du bereit, dein Geschenk für die Welt nach außen zu tragen?

Träume können wahr werden, wenn wir den Mut haben ihnen zu folgen.

Walt Disney

Werde wieder lebendig

Ich sehe so viele Menschen mit unterdrücktem Lebenspotenzial.

Es ist normal geworden, vieles zu unterdrücken: kindisch zu sein, zu viel Freude zu zeigen, laut zu sein, anders zu sein.

Wir sind hier, um lebendig zu sein, zu strahlen, ein Leben voller Leidenschaft zu führen.

Wir sind nicht hier, nur um zu arbeiten, Rechnungen zu bezahlen und vor dem Fernseher zu hängen.

Lebendig zu sein ist eine tägliche Entscheidung. Oder sogar eine Moment-zu-Moment-Entscheidung.

Entscheidest du dich dazu, voll und ganz zu leben? Mit ganzem Herzen oder nur halbwegs und halbherzig?

Voll und ganz zu leben bedeutet, dich dem Leben hinzugeben.

Mit deiner Berufung wirst du auch wieder lebendiger. Denn du machst das, wofür du wirklich brennst. Was dein Herz will.

Das Leben spielt sich besser mit Berufung

Du kennst deine Werte, deine Stärken, deine Schwächen, dein Warum.

Du weißt, wie du zu spielen hast.

Seiner Berufung nicht zu folgen macht absolut keinen Sinn.

Es ist Lebenszeitverschwendung.

Mit Berufung verläuft das Leben spielerischer.

Authentischer, lebendiger. Es hat Qualität.

„*Frage nicht, was die Welt braucht. Frage dich selbst, was dich lebendig macht, und gehe und tue das, denn was die Welt braucht, das sind Leute, die lebendig geworden sind.*“

Howard Thurman

Wenn du wieder richtig lebendig wirst, bist du auch automatisch in deiner Macht.

Du spürst die Kraft des Lebens in deinem eigenen System. Wenn du wieder lebendig bist, lässt du dich von anderen nicht mehr begrenzen. Du allein weißt, was du wirklich kannst und wieviel Power in dir steckt.

Es geht darum, wieder ein wenig mehr wie Kinder zu werden. Zu träumen, zu wagen, unrealistisch zu sein.

Denn das Leben ist so, wie du es dir kreierst.

Werde ein wenig unvernünftig. Traue dich mehr.

Das Leben will gespielt werden.

Und du entscheidest dabei die Regeln.

SCHLUSSWORT

Jeder von uns weiß, dass er eines Tages stirbt. Aber so wirklich bewusst ist es den wenigsten. Denn wir leben so, als ob wir noch zig Leben parat hätten.

Wenn nicht dieses Leben, dann halt das nächste.

Es wird immer wieder aufgeschoben, leider meistens die Dinge, die uns wirklich wichtig sind und uns etwas bedeuten. Und wofür? Für Sicherheit und Vernunft.

Für die Dinge, die unser inneres Feuer löschen, anstatt es zu entfachen.

Also leben wir so vor uns her, als ob das Leben etwas wäre, was wir abarbeiten müssten.

Für die vermeintliche Sicherheit, die uns immer wieder verkauft wird, um die Hamsterräder am Laufen zu halten. Wenn das Hamsterrad sich dreht, dann füllen sich die Taschen anderer.

Denke an deinen Traum, denn du bist es wert!

Du bist ein Mensch mit Bedürfnissen und Gefühlen.

Das Bedürfnis, dich zu verwirklichen und etwas Sinnvolles zu tun.

Mit deiner Berufung wirst einfach nur zu der Person, die du eigentlich schon bist.

Du hast es nur vergraben und musst es wiederfinden.

Es steckt schon in dir und wartet nur darauf, gelebt zu werden.

Trage dein Geschenk in die Welt hinaus.
Die Welt hat es verdient.
Du hast es verdient.

Das Wertvolle im Leben ist die Entfaltung der Persönlichkeit und ihrer schöpferischen Kräfte.

Albert Einstein

Printed in Poland
by Amazon Fulfillment
Poland Sp. z o.o., Wrocław

17188699R00123